ヤフオク！の経済学

オンラインオークションとは

TSUCHIHASHI Toshihiro
土橋俊寛

日本評論社

はしがき

　本書はそのタイトルのとおり、経済学の視点からヤフオクについて考察したものです（以前は略称だった「ヤフオク」ですが、いまでは正式名称になっていて商標登録もされています）。実は経済学にはオークション理論という大きな分野があります。単に「分野がある」というだけでなく、現実のオークション設計に理論が活かされているといった意味で成功を収めています。

　ヤフオクユーザーはおそらく、「できるだけ高く売れてほしい」「なるべく安く落札したい」と考えていることでしょう。私自身もヤフオクをよく利用するのでそう考えます。そして、そのための「攻略法」を知りたいと思っている人も多いはずです。現にヤフオク攻略法をうたったブログの記事や本がたくさん見つかります。それらの多くは著者の経験をもとにしているようですが、オークション理論の知見に基づいたヤフオク攻略法を教えてくれる本があったら面白いのではないか？　これが本書を執筆した動機です。ただし、本書は単なる「ヤフオク攻略の指南書」ではなく、オンラインオークションに関わるトピック毎に、先行研究や現在の動向を解説したサーベイとして利用できるように配慮してあります。オークション理論に関心を持つ多くの社会人や学生の方々に読んで頂ければ幸いです。

　日本には優れたオークション研究者がたくさんいます。そんな中でオークションについての本を書くというのは少々おこがましくも感じます。しかし、オークション理論を研究するかたわらで、実際にヤフオクでせっせと出品・落札している人間はそれほど多くないでしょう。その意味で、本書の執筆は私にとってまさに趣味と実益をかねた有意義なものでした。

　本書の出版にあたり日本評論社の斎藤千佳さんに大変お世話になりました。また刊行に際して大東文化大学経済学会の助成を受けました。ここに記して感謝致します。

2017年秋
土橋俊寛

……… 目 次 ………

はしがき　*i*

1章
身近になったオークション　　1

　1.1　身近にあるオークション　1
　1.2　オンラインオークション　4
　1.3　オンラインオークションの経済学　7

2章
オークション理論　　11

　2.1　オークションの「理論」　11
　2.2　「オークション」の分類　13
　2.3　オークション理論が明らかにしたこと　21
　2.4　最適オークションと効率的なオークション　25
　2.5　買手が増えれば収入も増える　26
　2.6　補論〈オークション理論による分析方法〉　29
　2.7　補論〈収入同値定理についてもう少し〉　35
　　2章のポイント　41

　コラム①　ヤフオクのカテゴリ　42

.... 3 章 ....

いくらで出品するか？──開始価格のオークション理論── 45

    3.1 よくある開始価格は？   45
    3.2 開始価格のパターン   47
    3.3 いくらで出品すればよい？──開始価格のオークション理論──   50
    3.4 最適な開始価格の特徴   54
    3.5 開始価格と買手の数との熱い関係   57
    3.6 再出品する時の開始価格   61
    3.7 補論〈理論を活かして最適な開始価格を考えてみよう〉   66
    ……… 3 章のポイント   71
    ……… オークション理論からのアドバイス   71

    ……… **コラム②** ヤフオクの1日あたりの出品数と落札額は？   72

.... 4 章 ....

さっさと売る──即決価格のオークション理論── 75

    4.1 即決価格とは   75
    4.2 なぜ即決価格を設定するのか？   80
    4.3 即決価格が落札価格を高める時
          ──即決価格のオークション理論──   82
    4.4 即決価格の効果を実験で確かめる   88
    4.5 イーベイのデータを使った実証研究   97
    4.6 即決価格にひそむ危険   98
    4.7 補論〈時間選好率〉   104
    ……… 4 章のポイント   106
    ……… オークション理論からのアドバイス   106

    ……… **コラム③** 実験は良いアルバイト？   107

5 章
オークションはいつ終わる？──自動延長のオークション理論── 109

5.1 オークションはいつ終わるのか？　109
5.2 狙い撃ちされる 8 の理由　112
5.3 狙い撃ちは自動延長なしで起きやすい　115
5.4 実証と実験　118
5.5 自動延長の有無と落札額との関係　122
……… 5 章のポイント　127
……… オークション理論からのアドバイス　127

……… **コラム④** 官公庁オークション　128

6 章
留保価格を隠す──最低落札価格のオークション理論── 131

6.1 最低落札価格と開始価格の違い　131
6.2 あまり使われない（？）最低落札価格　132
6.3 留保価格を隠すのはどうして？
　　──最低落札価格のオークション理論──　136
6.4 またもや実験！　143
6.5 イーベイでの実証研究　146
6.6 高くつく隠しごと　147
6.7 補論〈共通価値オークションと「勝者の呪い」〉　149
6.8 補論〈リンケージ原理〉　151
……… 6 章のポイント　153
……… オークション理論からのアドバイス　153

……… **コラム⑤** 10円玉で測る勝者の呪い　154

7章
その他のトピックス　　　　　　　　　　　157

　出品期間　158
　終了日時　159
　値下げ交渉　160
　注目のオークション　161
　送料無料　162

コラム⑥ オークションとフリマ　165

　読書案内　167
　参考文献　180

1 身近になったオークション

1.1 身近にあるオークション

　昔、私が高校生のころ『ハンマープライス』という人気番組があった。著名人の愛用する私物や、「週刊チャンピオン『ドカベン』登場権」とか「アントニオ猪木と10分間一本勝負」とかの権利を番組スタジオに集まった一般人が競り落とすという内容の番組である。司会のとんねるずがその日の商品を説明したあとに、いよいよオークションが始まる。参加者はみんな自分の番号札を持っていて、その札を高く掲げながら次々と金額を叫んでいく。1000円くらいから始まったオークションも、だいたい30秒もすれば30万とか50万とかまで金額が跳ね上がる。もちろんどの参加者も商品を落札したいと思って会場に集まってきているのだろうけれど、何がなんでも、と本気で入札しているのはせいぜい2、3人くらいのものだろう。そして本気の彼らで最後は競っていくことになる。ライバル全員がより高い金額をあきらめると、最後に残った1人が商品を落札できる。オークションをしている時間は正味5分もないくらいだろうか。
　入札競争に残っている参加者が減ってくると、入札者の名前と職業、そし

て予算がテロップに映し出される(申込用紙にこれらの情報を記入しているのだろう)。たいていの場合では入札額が予算オーバーになっていて、それがまた面白い。かなり予算をオーバーしてしまった金額を叫んでいるのを見て、この人、もし本当に落札しちゃったらあとが大変だろうに、と少し意地悪な気分でテレビを観るのも制作側の意図した楽しさなのだと思う。でもオークションで出品されているモノや権利がなんであれ、価格がどんどん競り上がっていく様子を見るのはそれ自体がなかなか楽しいものだ。そして、これを生で観ることにはまた違った興奮がある。

　たった一度きりだけれど、大学を卒業したあとにオークションハウスでアルバイトをしたことがある。大学院に入学するまでの準備期間でひまにしていた時に、そのオークションハウスで働いていた女性に声をかけてもらったのだ。その時は確か壺などの古美術品のオークションだったように思う(絵画もあった気がする)。100人くらいが入れる小さめの体育館みたいな会場には、お客さんがいっぱいに集まっていた。想像とは違って、見るからにお金持ちそうという感じの人はあまりいない(でも多少はいた)。ジーンズに白シャツ、みたいなラフな服装の人も少し混じっていた。バイトに来る前は、オークションハウスに来るような人はみんなスーツを着て正装しているものとばかり思っていたのだが。お客さんがスタッフと笑顔で挨拶している姿もちらほらあって、いかにも常連なんだろうという感じがする。あとで聞いたところによれば、コレクターだけでなく画廊などの「プロ」も大勢参加していたらしい。

　さて、いよいよオークションが始まった。オークションを仕切るのは会場の前方にいるオークショニアー(競り人)である。脇にはスタッフが2人いて、1人は実際の出品物を掲げて会場のお客さんに見せる係り。そしてもう1人はパソコンを操作して商品名と現在価格を示す係りだった。そのパソコン操作係りを私が担当したのだ。商品は、事前に配布されていたカタログに記載されているロット番号の順番でオークションにかけられていく。カタログには、商品説明と一緒にエスティメートと呼ばれる予想落札価格が記されているが、実際の落札価格は当然のことながらこの価格を上回ることも下回

ることもある。
「古備前波状文壺、まずは1万円から始めましょう」
　オークショニアーは最初、かなり低い金額を口にして、会場の反応を見ながらだんだんと価格を上げていく。
「1万円はい、2万円、3万円、3万円はい、では5万円、5万円、はい24番の方、では7万円、7万円はどうでしょう」
　オークショニアーが口にする金額に対してお客さんは自分の番号札を正面に見せることで応じる。番号札を見せっぱなしにしていてもよい。参加者がいくらまで払っても良いと思っているのかが重要なのはいうまでもないけれど、オークショニアーの価格の上げ幅やテンポも落札価格に影響していたように思う。オークショニアーの腕の見せ所だろう。
「45万円、いませんか、どうでしょう」
　カツーン。オークショニアーが木槌を打つ。ハンマープライス（落札額）と落札者が決まったのだ。
　ハンマープライスが決まると余韻にひたる間もなく次のオークションが始まる。何しろ1000点ほどの商品がオークションにかけられるのだ。こうして時に何百万円にもなる商品が30秒たらずで次々と落札されていく。オークショニアーが木槌を打つ、そのカツーンと響く音が一定のリズムをきざみながら時間が流れるように過ぎていく。
　読者の皆さんはオークションと聞いてどのようなイメージを持っているだろうか。こんな感じのいわゆる「伝統的な」オークションや、あるいは市場でのセリを思い浮かべるかもしれない。いずれにせよ、普段の生活はオークションとは無縁と感じられるかもしれない（『ハンマープライス』も放送を終了して久しい）。しかし、実はいまほどオークションが身近になった時代はかつてなかったといえるのだ。それはオンラインオークション（インターネットオークション）の存在によるところが大きい。

1.2 オンラインオークション

イーベイ（eBay）とオンセール（Onsale）によって米国で1995年に開始されたサービスがオンラインオークションの始まりだ。これ以降、米国では多くの会社がオンラインオークションのサービスを始めたのだが、米国ヤフーもそんな会社の1つである。米国のヤフーオークション（Yahoo! Auction）が始まったのが1998年、そして翌年の1999年には日本でもヤフー株式会社がYahoo!オークション（現在のヤフオク！。以下では「！」を省略して「ヤフオク」と書く）を開始した[1]。オープニングイベントとしてチャリティーオークションが行われ、そこではNBAの公式戦チケットや米国Yahoo!の創始者のサイン入りグッズ（どれくらいの人が欲しがったのだろう？）が出品された[2]。

ヤフオクやイーベイに代表されるオンラインオークションの市場規模は年々拡大している。イーベイによる2013年度の報告書によれば、1億2800万人のユーザーが5億5000万個以上の商品を2013年の1年間にイーベイに出品したという。1億2800万人といえば日本の人口に匹敵する。こんなにも多くの人たちがオンラインオークションを利用しているのである。日本のヤフオクも凄くて、年間の落札額はなんと7300億円（1日あたり20億円！）[3]。たぶん、「オークションといえばヤフオク」という人も多いのではないだろうか[4]。

オンラインオークション（あるいはネットオークション）といわゆる伝統的なオークションの間には違いがたくさんある（もちろん共通点もたくさん

---

1 ヤフオク！はYahoo! Japanが提供する日本最大手のオンラインオークションサービスである。1999年9月28日に開始された。2013年3月27日に運営会社のヤフー株式会社は名称を「Yahoo!オークション」から「ヤフオク！」に改称した。
2 ヤフー株式会社1999年9月28日プレスリリース
3 ヤフー株式会社2014年9月1日プレスリリース
4 ヤフオク以外のオンラインオークションには株式会社モバオクが運営する「モバオク」がある。楽天が運営する「楽天オークション」は日本国内のオンラインオークションシェア2位だったが、2016年10月31日にサービスを終了した。

ある)。最も大きな違いは、オンラインオークションでは売手がオークションをデザインできるという点だ。オークションをデザインするってどういうこと？　この疑問に答えるためには細かい説明よりも出品の手順を実際に見てみるのが手っ取り早い。

　部屋の中を見渡せば要らないものが10や20はあるだろう。もう着ない洋服とかもう読まない漫画本とかもう聴かないCDとかである（某大手リサイクルショップのCMみたいだが）。このような不要なモノをヤフオクに出品してみることにしよう。

　まずは出品するカテゴリを選ぼう。たとえば『こち亀』全巻セットを出品するなら「本、雑誌」から「漫画、コミック」の中の「少年」というカテゴリを選ぶ。実際には、出品しようと思っている商品を検索して見つかったオークションページで「このカテゴリに出品する」をクリックするのが簡単なやり方だ。カテゴリを選んだらたいていの出品では商品の写真を撮っておいた方が良いだろう。写真がなくても出品できるのだが、写真付きのオークションがほとんどだ。誰だって「ボルドー色のニット。経年相応の着用感があります。主観では状態は7／10です。ノークレームノーリターン。」とだけ書かれたオークションで入札しようという気にはならないだろう。写真を撮ったら商品タイトルと説明文を書いて、それから販売形式を選ぶ。「オークション形式」か「定額で出品」を選べるのだ。そして開始価格を決める。でもそれだけではなくて他にも決めることがある。ざっとこんな感じだ。

1．個数：同じ商品を9個まで同時に出品できる
2．開催期間：終了日と終了時間（時間帯）を選ぶ。期間にすれば1日から7日ということになる
3．発送元の地域：都道府県と場合によっては市町村
4．送料の負担：落札代金の支払いは発送前でも発送後でもOK。たいていは支払い→発送の順番になる
5．決済方法：銀行振り込み、クレジットカード決済など

> 6．商品の状態：中古か新品か。ほかにも特記事項があれば書ける
> 7．返品の可否：そのままの意味で、返品に応じるかどうか

　必須項目は以上なのだが、これらの項目に加えて任意の項目がいくつかある。任意項目には初期設定が決まっているもの（下の項目4）と、純粋なオプション（それ以外）の2種類がある。

> 1．即決価格：誰かがこの価格を入札するとオークションがただちに終了する
> 2．入札者評価制限：評価の悪い買手には入札させないことができる
> 3．入札者認証制限：本人確認ができていない買手には入札させないことができる
> 4．自動延長：自動延長の有無。「自動延長あり」を選ぶとオークションの終了5分前以降に入札があった場合に終了時刻を自動的に5分間延長する。初期設定は「自動延長あり」
> 5．早期終了：早期終了するかどうか。「早期終了あり」を選ぶと設定した終了日の前にオークションを終了できる
> 6．自動再出品：商品が落札されなかった場合に3回まで商品を自動的に再出品する。この時値下げ率を定めておくと、再出品の際に開始価格を自動的に下げてオークションを開始できる

　いま見た項目はいずれも無料のオプションなのだが、以下のような有料のオプションも用意されている。

> 1．最低落札価格：この価格未満の入札が受け付けられなくなる。ただし入札者にはこの価格がいくらなのかは分からない。利用

料金は100円（税抜き）
2．注目のオークション：「注目のオークション」欄にオークションを表示して目立たせることができる。利用料金は1日あたり20円（税抜き）から
3．太字テキスト：商品タイトルを太字にできる。利用料金は10円（税抜き）
4．背景色：商品タイトルなどの背景を黄色にできる（通常は白）。利用料金は30円（税抜き）
5．目立ち／贈答品アイコン：美品、限定品、贈答品などを示すアイコンを表示できる。利用料金は20円（税抜き）
6．アフィリエイト：パートナーのサイトに商品を掲示できる。落札価格の1％

　これだけのことを決めなければならないと聞くとすごく手間がかかるような気もするけれど、慣れれば実際にはたいしたことではない。あとは出品した商品が無事に売れるのを待つのみである。もちろんできるだけ高い価格で。

1.3　オンラインオークションの経済学

　開始価格とかオークションの終了時刻とかを決める時には何に注意すべきなのか。あるいは、たくさんある有料や無料のオプションをどう使えば良いのだろう。せっかく商品を出品するのであればできるだけ高く落札してほしいと思うのが人情である。何か良い「戦略」があるのだろうか。
　このような戦略を考える時に、Yahoo!知恵袋のような質問サイトを調べたり、ヤフオク攻略本のような指南書のページをめくったりすることはあるかもしれない。でも経済学の教科書に答えを探す人は少ないのではないだろうか。ところが、このようなオークションにおける戦略を分析する分野が経済学の中にあるのだ。それがオークション理論である。

経済学においてオークションはとても注目を浴びている分野で、理論やら実証やら実験やら本当にたくさんの研究が存在している。そうした研究の蓄積は現実の制度設計にもおおいに活かされていて、経済学の中で最も成功している分野の1つといっても過言ではない。そして米国のイーベイが伝統的なオークションにはない仕組みをいくつも導入して以来、オンラインオークションに特有の仕組みについても多くの研究が行われてきた。もちろんまだ研究が十分ではない部分もあるのだが、オンラインオークションについて明らかにされたことが確実に増えてきている。

　本書ではオークション理論の研究で分かった多くの知見を紹介しながら、ヤフオクを始めとするオンラインオークションに特有のオプションについて解説していく。といってもすべてのオプションを取り上げることはできないので、ここでは即決価格と自動延長についての研究を主に紹介していきたい。また、オンラインオークションに特有という訳ではないのだが、開始価格と最低落札価格についてもふれる。それらの各トピックについて経済学における研究成果を紹介しながら、研究成果に基づいたいくつかの現実的なアドバイスも提案していく。

　次章ではまず経済学がオークションをどのように分析するのかを説明しよう。その際に、オークションを分析するための道具として「オークション理論」が果たす役割を見ることにする。そしてオークション全般について理論がもたらした重要な知見をいくつか紹介したい。3章ではオークションに出品する時に開始価格をどう付ければ良いのかについて、オークション理論が導き出した提案を見てみよう。ヤフオクで出品する時、最初に決めなければならないのは開始価格なのだし、落札価格を左右する要因としても開始価格は決定的に重要である。4章では即決価格の効果について考えよう。ヤフオクの出品画面では開始価格のすぐ下に無料のオプションとして即決価格を入力する欄がある。果たして即決価格はいくらに設定するのが良いのか、そもそも即決価格を設定するべきなのかについてオークション理論が導いた答えを紹介しよう。

　5章では自動延長についての研究内容を紹介する。自動延長ありのオーク

ションと自動延長なしのオークションでは買手の入札戦略が違ってくる。特に、オンラインオークションに特有の「狙い撃ち」（スナイピング）は自動延長の有無と非常に深い関係がある。また、ヤフオクのように自動延長の有無を出品者が選べる場合にはどちらを選ぶべきなのかについて分析した研究を紹介する。6章では最低落札価格の効果について考えてみよう。ヤフオクでは開始価格とは別に非公開の最低落札価格を設定できる。買手が知ることのできない最低落札価格を設定することにはどのような利点があるのだろうか。また、もし設定するとして、最低落札価格はいくらにすれば良いのだろう。最後に7章では、6章までで扱わなかったトピックでオンラインオークションに深く関係するものについて簡単にふれる。

各章の最後には、本文で紹介したオークション理論の研究成果に基づいた「使えるオークション戦略」をまとめてある。ヤフオクガイドや一般の指南書には書かれていないアドバイスである。また、文末には各章で扱ったテーマのそれぞれについて深く知りたいという読者向けに読書案内を付けた。多くは学術論文だけれども、オークション理論についての教科書や学術書も含んでいる。読書案内を含むすべての章であつかった文献はすべて参考文献にリストアップしてあるのでこちらも活用してほしい。

この本に書かれている内容を理解するのに難しい経済学や数学の知識は要らない。必要なことはその都度説明していくつもりだ。まずは少し、経済学で考えているオークション理論の中身をのぞいてみよう。

2 オークション理論

2.1 オークションの「理論」

　オークションへの出品や入札について理論的に考えてみよう。
　「オークションに理論なんてあるの？　理論じゃなくて経験ならまだ分かるんだけど。」
　ひょっとしたらこのような反応もあるかもしれない。理論はもちろん、ある。何にでも理論はあるものだ。たとえば、あなたがちょうど欲しいと思っていた UGG の新品ブーツがヤフオクで出品されているのを見つけたとしよう。手ごろな値段で手に入れるチャンスだ。さっそく入札したいと思うけれど、さて、いったいいくらを入札すればよいのだろう？　高い金額を入札すれば落札できる可能性は高まるけれど、百貨店の定価よりも高く入札するというのは得策ではないだろう。その金額を出すくらいならば最初から百貨店で買えばよい。入札額を低く抑えれば落札できた時には嬉しいけれど、落札できないかもしれない。
　あるいは、買ったままほとんど使わなかった3DS をヤフオクで売るという状況を考えてみよう。リサイクルショップに持って行ったら思いのほか安

い値段をいわれて売るのをためらったのだから、せめてそれよりは高く売りたい。ところで、開始価格はいくらにするのがよいのだろう？　親切にもヤフオクの「ヒント」は「似たような商品がいくらで出品されているのかを調べてから価格を付けましょう」とアドバイスしてくれているけれど、1円スタートとか1万6800円スタートとか、周りはけっこうばらばらなようだ。1円で出品して本当に1円で落札されるなんてことはまさかないだろうけれど、1000円くらいで落札されてしまって「ブックオフで売った方がましだった！」なんてことになってしまうのは嬉しくない。

　こういう疑問に対して答えを出すことがオークション理論の目的の1つである（もちろん経済学者はオークションで儲けたいと思って研究しているわけではないが）。とはいえ現実のオークションはあまりにも多種多様で複雑なので、それらを丸ごと分析するのは難しい。何か切り口がほしいところだ。そこで、さまざまなオークションに共通する特徴を取り出したうえで、オークションを「定式化」し、その定式化されたオークションを分析することになる。そして導き出された一般則が命題あるいは定理として打ち立てられる。

　オークション理論といえば経済学のトピックの1つだったのだが、最近では学際的な研究分野になってきているようだ。特に、組合せオークション（後述）と呼ばれる形式のオークションは、オペレーションズリサーチやコンピュータサイエンスなどの領域でもたくさんの研究が行われている。このようにオークション理論の世界は奥が深いので、ここで理論の全体を概観することは難しい。そこで本章では、経済学的な分析に焦点をしぼったうえで、オークション理論についての基礎知識を紹介することにしよう。

　経済学でオークションを分析する時には、**ゲーム理論**（game theory）という枠組みを用いるのが主流だ。ゲーム理論というのは相互依存的な関係にある人びとや企業の行動を数学的に分析する理論のことである。分析したい状況を「ゲーム」に見立て、人びとや企業などの「プレイヤー」にとっての最適な「戦略」を考察する。オークションをゲームと見れば、売手や買手がそのプレイヤーということになる。ちなみに、サッカーやテニスなどのスポーツ、ポーカー・オセロ・麻雀などのテーブルゲームもゲーム理論でいうと

ころのゲームである。さらに入学希望者をどの学校に入れるべきか、不満の出にくい遺産分配の仕方などもゲーム理論で分析できる。ゲーム理論の守備範囲は多岐にわたっていて、世の中を見渡すとどこを見ても「ゲーム」だらけである。まさに人生はゲーム、男も女もそのプレイヤーに過ぎないのだ。

さて、ゲームではルールがとても重要である。オークション理論ではルールによってオークションをいくつかの種類に分類する。以下でその分類を見ていくことにしよう。

2.2 「オークション」の分類

オークションを分類するための方法はたくさんあるが、ここではオークション理論の中で重要な役割を果たす4つの要素、すなわち、**出品される商品の数、入札形式、落札価格の決定ルール、商品に対する買手の評価値**に基づいてオークションを分類する。これらの要素について以下で順番に説明していこう。

出品される商品の数

出品される商品が1つの場合を**単数財オークション**（single-unit auction）、2つ以上の場合を**複数財オークション**（multi-unit auction）という。たとえば、リトグラフやシルクスクリーンが1点ずつ順番にオークションにかけられていくとしよう。これらのオークションはそれぞれが単数財オークションである。オークションハウスで行われる絵画オークション（たくさんの絵画などが順番に売られていく）は、このような単数財オークションが集まったものだと考えることができる。ヤフオクであれば、オークションのページで「出品数1個」と表示されていれば単数財オークションである。ヤフオクでは単数財オークションが圧倒的に多い。特に個人が出品するオークションはほとんどが単数財オークションである。

出品されている商品が複数であっても、理論的には単数財オークションといえる場合もある。ティーカップセットやソファ一式などのようにセットで

出品されている商品は、ばら売り不可であるならば単数財オークションとみなされる。

　複数財オークションは、同じ商品がいくつも出品されているオークションと、異なる種類の商品がいくつか出品されているオークションの2つに分類することができる。同じ商品がいくつも出品されているオークションというのは、たとえば、同じ銘柄のウイスキーやニンテンドー3DSなどのゲーム機が2個以上出品されているオークションである。買手は、出品されている商品数の範囲で、欲しい数の商品に入札できる。通常、単に複数財オークションというとこのようなオークションを指す。ヤフオクでは、オークションのページで「出品数2個」とか「出品数5個」とかの表示があるものが複数財オークションである。ヤフオクにもこのような複数財オークションはたくさんある。

　異なる種類の商品がいくつか出品されているオークションの代表例は周波数オークションだろう。携帯電話会社やテレビ局がサービスを提供するためには電波が必要だが、混線を避けるために事業に使える電波の周波数帯域は限られている。電波利用のための免許を企業に割り当てるために利用されるオークションを周波数オークションと呼ぶ。米国の連邦通信委員会（FCC）が1993年に採用したのが最初である。

　このようなオークションの特徴は、出品されている商品の組合せに対して入札ができることである。そのため、このようなオークション形式は特に**組合せオークション**（combinatorial auction）と呼ばれる。たとえば、ニンテンドー3DS本体、ソフトA、ソフトBの3つの商品が出品されている組合せオークションを考えると、買手は「本体＋ソフトAに対して2万円、本体＋ソフトBに対して1万8000円、本体＋ソフトA＋ソフトBに対して2万5000円」といった感じで入札ができる。ヤフオクは組合せオークションではないのでこのような入札が認められていないが、携帯電話の周波数帯や空港の発着枠を売却するのに用いられる現実のオークションは組合せオークションになっている。組合せオークションは近年研究が盛り上がっている分野だ。

単数財オークションでの入札ならば、単に金額を1つ指定すれば済む。それに対して複数財オークションでは入札の仕方がいくつか考えられる。たとえば、同じ銘柄のウイスキーが10本出品されていて、そのうちの3本を買いたいとしよう。それぞれのウイスキーに別々の金額を入札できるならば、1本目は5000円、2本目は2500円、3本目は1500円という感じで入札額を決めることになる[1]。あるいは、単純に金額と個数の組合せだけを入札できるという場合もあるだろう。ヤフオクがまさにこのような入札方式を採用していて、この場合には「1本あたり3000円で3本」といった具合に入札することになる。

　出品されている商品が異なる場合に、それらが単にセットで出品されているのであれば、先ほど述べたように、それは単数財オークションである。たとえば、ゲーム機とソフトのセットや、画面保護シートやSDカードなどのアクセサリを付けて出品している場合がこれである。ヤフオクでは「おまけ付き」といったタイトルが付けられていることもある。

　理論的にいうと、単数財オークションと複数財オークションはまったくの別物である。実際、最適な入札戦略やオークションの効率性（後述）について、単数財オークションで成り立つ結果の多くが複数財オークションでは成り立たないのだ。最初のオークション研究がすでにこの点を指摘していたけれども[2]、その後のオークション研究は主に単数財オークションを分析対象として発展してきた。そのため複数財オークションや組合せオークションの理論研究にはまだ十分な蓄積があるわけではなく、特に開始価格や即決価格についての研究はほとんどない。他方で、複数財オークションや組合せオークションについては実験によって多くの知見を得ようとする動きが盛んである。

1　もちろん、1本目のワインよりも2本目、3本目のワインに対して高い金額を入札してもよい。ただ通常のミクロ経済学が想定するように入札者の効用関数が限界効用逓減を示すならば、このような入札が合理的な入札になることはない。

2　Vickrey（1961）

2章　オークション理論

入札形式

　入札形式には**公開入札**（open bid）と**封印入札**（sealed bid）の2つがある。これらの違いは「自分の入札額が他の買手にも分かるかどうか」である。まずは公開入札のオークションを見てみよう。公開入札のオークションでは、自分の入札額が他のすべての参加者に分かる。入札が文字どおりに公開されるのだ。美術品の高額落札などでたまに話題にのぼる伝統的なオークションや市場でのセリなどはこの形式で、低い価格から始まったオークションで価格がだんだんと上がっていく。このような形式は**価格競上げ式オークション**（ascending-price auction）あるいは**イギリス式オークション**（English auction）と呼ばれる[3]。美術品のオークションなどでは、オークショニアーが価格を示して会場内の参加者が番号札などを掲げて応じるパターンのほかに、買手が自ら口頭や手の形などで入札額を示すこともある。もちろんこれらが入り混じったパターンも存在する。いずれの場合でも、より高い入札額を提示する買手が誰もいなくなった時点でオークションが終了する。ヤフオクも公開入札の競上げ式オークションの一種といえるだろう[4]。オークションページにアクセスすれば現在価格がいつでも確認できる（ウォッチリストに登録しておけばわざわざそのオークションページにアクセスしなくても確認できる）。また、入札数をクリックすれば、現在入札しているライバルのID（プライバシー保護のため一部のみ）と入札金額、入札回数も分かる。

　あまり知られていないが、公開入札のオークションには高い価格から始ま

---

[3] 入札方法や価格の上がり方によって競上げ式オークションをさらに細かく分類することもできる。たとえば、ケン・スティグリッツは『オークションの人間行動学』の中で3種類の競上げ式オークションについて説明している。オークショニアーが口頭で価格を競上げていく形式を競上げ型イギリス式オークション、参加者が自分で入札額を叫ぶことで入札する口頭によるイギリス式オークション、連続的に上昇する価格がデジタル式の価格時計で示されていて、自分が入札しても良いと思う金額に達するまで買手が手元のボタンを押し続けることで入札の意思を示すという日本式ボタン・オークションである（邦訳21〜23ページ）。

[4] ヤフオクを競上げ式オークションとみなすならば、日本式ボタン・オークションの一種と見ることができる。これはヤフオクが代理入札という仕組みを導入しているからである。

ってだんだんと価格が下がっていく**価格下降式オークション**（descending-price auction）あるいは**オランダ式オークション**（Dutch auction）と呼ばれる形式もある。花卉などのセリに用いられているのだが、意外なところでは長崎県にあるテーマパーク「ハウステンボス」でも下降式オークションが行われていたことがある。ハウステンボスには2009年5月31日まで「ランガダイク」というオークションハウスがあった。ハウステンボスのオリジナルグッズやオランダ民芸品、限定のチョコレートやチーズケーキなどがオークション形式で販売されていたのだが、その形式がオランダ式オークションだったのだ。ひょっとしたらオランダゆかりのテーマパークだったからなのかもしれない（ウェブサイトにはそのような説明はなかったけれども）。

では次に封印入札のオークションを見てみよう。封印入札のオークションでは、買手がいくらに入札したのかが誰にも分からない。入札額を紙に書いて中央の投票箱に入れるようなイメージで、公共事業の受注などは基本的にこの形式で行われる。最も高い金額を書いて投票した入札者が商品を落札する（公共事業の発注だったら最も低い請負い金額を入札した事業者が受注する）。そして、落札者はあらかじめ決められたルールに従って落札価格を支払う。無尽講、あるいは頼母子講と呼ばれる金融システムには封印入札を利用したものがあった。参加者があらかじめ決まった額のお金を世話人にいったん預け、その総額を全員で競るのだ。最も低い金額を入札した参加者が、その金額を借りられる。残ったお金はその他の参加者に均等に分けられるのである。

落札価格の決定ルール

落札価格を決めるルールとはどのようなものだろう。

「1000円を入札して自分が落札したのなら、当然1000円を支払うんでしょ？」

そう考えるのはある意味自然で、そのような支払ルールのオークションは**一位価格オークション**（first-price auction）と呼ばれる[5]。「一位価格」とは「最も高い（＝一位の）入札額」を意味する。つまり、一位価格オークショ

ンとは最も高い金額を入札した買手が商品を落札し、最も高い入札額を支払うというオークションである。もちろん、最も高い入札額とは落札者が自分で入札した金額にほかならない。

　一位価格があるなら、二位価格というものも考えられるということだろうか？　実はまさにそのとおりで、理論的には「最も高い金額を入札した買手が商品を落札し、2番目に高い入札額を支払う」形式のオークションを考えることができる。これが**二位価格オークション**（second-price auction）で[6]、オークション理論の中でとても重要な役割を果たす（同じように三位価格オークションや百位価格オークションを考えることもできるけれど、これらは重要な地位を与えられていない）。二位価格オークションで落札者が支払う価格は、自分の入札以外で最も高い入札額ということになる。

　一位価格オークションはしっくりくるけれど、二位価格オークションとはいかにも奇妙だ。そう思う人も多いだろう。果たしてこのようなオークションが現実に存在するのだろうか？　ケン・スティグリッツの『オークションの人間行動学』という本には古銭販売の例が紹介されている。それによれば、古銭販売には事前予約入札という制度があって、オークションが始まる前に自分の入札額を郵便で送付することができるという。古銭販売カタログの「郵便入札のための手引き」には「商品は最も高い入札額を提示した人に与えられ、2番目に高かった入札額にその5％を上乗せした金額をお支払いいただきます」という記載があるらしく（邦訳28ページ）、これはまさに二位価格オークションそのものである。スティグリッツによれば、このような二位価格オークション形式による古銭販売は1970年代からあり、ネットオークションの出現まではむしろ一般的だったらしい。

　ヤフオクやイーベイは**代理入札**（proxy bidding）という仕組み（ヤフオクの用語では「自動入札」）を採用している。買手が代理入札を活用するのであれば、実はオンラインオークションを二位価格オークションとみなすことが可能だ。代理入札とは、買手が自分の入札額の上限をあらかじめ入札して

5　第一価格オークションともいう。
6　第二価格オークションともいう。

おくと、より高い入札があるたびに、システムが自動でその金額の範囲内で徐々に入札を更新してくれるという仕組みである。たとえば、あなたが1円スタートの古着のジーンズに8000円を入札したとしよう。この時の現在価格は1円のままである。ほかには誰もまだ入札していないからだ。そして、誰かがこのジーンズに3000円を入札すると、予算の範囲内でライバルよりもわずかに高い金額をシステムが自動的に入札し返してくれる。この場合であれば3100円を入札してくれる。これが代理入札の仕組みである。ほかには誰も新たに入札せず、このままオークションが終わったとすれば、8000円を入札した買手が3100円で商品を落札することになるが、この3100円という価格は二位価格（＋入札額の最低単位）である。つまり、このオークションは二位価格オークションとほとんど同じということになる。このため、実際にオークション理論ではオンラインオークションを二位価格オークションとして定式化することも多い。

商品に対する買手の評価値

最後の要素は商品に対する買手の評価値である。買手の評価値とは簡単にいえば、その商品を落札するためにいくらまでなら払ってもよいと思っているのか、その金額の上限のことである。ここでのポイントは、買手が自分の評価値を完全に知っている場合もあれば、そうではない場合もあるということだ。自分の評価値なんて自分で知っていて当然じゃないの、と思うかもしれないがそうではない。たとえば、あなたが東京タワーを描いたベルナール・ビュッフェのリトグラフ（版画）をヤフオクで見つけて欲しくなったとする。5万円くらいまでなら出してもよいかなと思って、入札することにした。ところが、ライバルが現れてそのリトグラフに入札があった。IDを調べてみるとどうやら中堅のアートコレクターらしい。ということは、このリトグラフには5万円よりもずっと大きな価値があるのかもしれない。そこで、だったら30万円までなら入札してもよいかな、というように考えを変えることもあり得るだろう。このように他人の入札によって自分の評価値が変わるのであれば、最初の入札時点では評価値を完全には知らなかったことになる。

もちろんこの段階でも完全に評価値を知っているとは限らず、状況が変化することで新たにまた評価値が変わるかもしれない。このような状況をオークション理論では、買手の評価値が相互依存している、あるいは、買手は**相互依存価値**（interdependent value）を持つ、という。他方で、買手が自分の評価値を完全に知っている場合には、買手は**私的価値**（private value）を持つ、という。買手が私的価値を持っている場合には、自分の評価値が他の買手の入札に左右されることはない。

買手の評価値が私的価値なのか相互依存価値なのかは買手の性質というよりも、出品されている商品の性質だといえるかもしれない。たとえば、ゲーム機や本（稀覯本を除く）や洋服などであれば、買手は私的価値を持つことが多いだろう。久しぶりにドラクエをプレイしたくなって3DSを手に入れたくなったとしたら、その3DSに対していくらまで払っても良いかはほかの買手の入札とは無関係のはずである。他方でゲーム機であっても限定品とか、あるいは骨とう品や不動産とかに対しては、買手は相互依存価値を持ちそうだ。そういった商品に対する評価値は他の買手の入札に左右されるかもしれない。

相互依存価値の極端な場合として、すべての買手にとって「本当の」評価値が等しいということがあり得る。ただし、個々の買手は評価値についての断片的な情報しか持っておらず、本当の評価値を知らないのである。このような場合には、他の買手の入札額を見ることで評価値にかんする情報がだんだんと増えてくる。そして、本当の評価値が明らかになるのは全員の入札額が分かった時（あるいは自分が落札した時）である。このようなケースを**共通価値**（common value）といって、たとえば石油の採掘権などを売るオークションがあてはまる。石油の埋蔵量は決まっているけれど、実際に掘ってみるまでは誰もその正確な量を知らない。分かっているのは各自の調査によって明らかになっている断片的な情報だけである。美術品のオークションなども共通価値の側面を持っている。

買手の評価値が私的価値だけれども、その分布が相関している、という場合もある。自分の評価値が高い場合には他の買手の評価値も高い、という状

況がこれにあてはまる。このような状況を「評価値が**関連している**（affiliated）」という[7]。数学的には、私的価値も共通価値も関連している評価値の特殊ケースと見なすことができる。

2.3 オークション理論が明らかにしたこと

以下の各章ではオークション理論の研究を紹介しながら、ヤフオクで開始価格や即決価格を決める時に売手がどんなことを気にすれば良いのかについて見ていく。しかしその前に、本節では、オークション一般について、オークション理論が明らかにしてきた重要な発見をいくつか紹介しておくことにしよう。

収入同値定理

先に述べたようにオンラインオークションは理論的には価格競上げ式、あるいは二位価格オークションとして定式化できる。ヤフオクもイーベイもそうである。しかし、これらの形式は売手にとって望ましい形式なのだろうか？　売手はできるだけ高い金額で商品を落札してほしいと願っているだろう。もし商品が高く落札されやすいような特定のオークション形式があるなら、売手はそういう形式のオークションに商品を出品したいと考えるはずである。また、オークションハウス（ヤフーやイーベイ）は通常、落札額の一部を手数料として手にする。ヤフオクでは落札額の8パーセント（＋税）を売手が支払う。そうであれば、オークションハウスも落札額をできるだけ高くしたいと考えるだろう。

オークション理論の分野で最もよく知られている重要な結果は、**収入同値定理**（revenue equivalence theorem）と呼ばれる定理である。これは、いくつかの条件を備えた状況では、平均的に見ると落札額はオークション形式と無関係である、というものだ。もう少し正確にいうと、オークション形式が違

---

[7] この用語は経済学者のポール・ミルグロムとロバート・ウェーバーによって1982年に導入された。

っても同じ買手が商品を落札することになるならば、それらのオークション形式は平均的に等しい収入を売手にもたらす。これが収入同値定理の内容である。

　これはすごい！と思いませんか？　収入同値定理が成り立つ状況では、落札額を高めるために売手はオークションの形式についてあれこれ悩む必要がまったくない。というか、悩んでも無駄である。イーベイでもヤフオクでも、あるいはオンラインではないオークションだって収入は変わらない。ちなみに収入同値をもたらすオークションは標準的なオークションと呼ばれるが、先ほど紹介した4つのオークション（競上げ式、下降式、一位価格、二位価格）はすべて標準的なオークションである。ほかにも三位価格オークションや全員支払いオークション（最も高い金額を入札した買手が商品を落札し、落札できなかった買手を含めたすべての買手が自分の入札額を支払う）などの一風変わったオークションまで「標準的な」オークションに含まれる。

　ただし、1つ注意が必要なのは、収入同値定理は無条件に成り立つわけではなく、買手の評価値とリスクに対する態度にかんして一定の条件が満たされなければならないということだ。この条件についての詳細と、収入同値定理が成り立たない場合に売手の収入がオークション形式によってどう変わってくるのかについては章末の補論を参照してもらいたい。

　ところで、収入同値定理を知って、あなたは少し不思議な気がしたのではないだろうか。たとえば、あなたが最終的な落札者だとしよう。一位価格オークションではあなた自身の入札額を支払うのに対して、二位価格オークションでは自分自身の入札額よりも低い金額を支払う。この買手の支払額が売手の収入になるわけだが、なぜこの両方のオークションで収入が等しくなるのだろうか？　オークションの形式によって買手が入札額を変えるから、というのが答えである。

　あなたの評価値を1万円だとしよう。もしあなたが一位価格オークションに参加しているならば、1万円（以上）を入札することはないはずだ。なぜなら1万円の入札では仮に落札できたとしても旨みがなくなってしまうからである。評価値が1万円の商品を1万円で購入した時の利得はゼロである。

ということは、一位価格オークションではあなたは1万円よりも低い金額を入札すべきということになる。他方で二位価格オークションでは自分の入札額をそのまま支払うことはない。とすれば、1万円の入札にも旨みが出てくる。実際のところ、オークション理論によれば一位価格オークションにおける最適な入札額は、二位価格オークションにおける最適な入札額よりも常に低くなる。もちろんオークションに参加している買手たちの評価値がそれぞれいくらなのかによって、実際の落札額は一位価格と二位価格オークションで異なる。ただし「平均的には」この2つの落札額は等しくなるのである。

真実表明メカニズム

　ここまではずっと売手の出品戦略について述べてきたので、買手の入札戦略についても少し考えてみよう。入札について考える時にたいせつなのは、入札額と入札のタイミングである。入札のタイミングについては自動延長についての5章でふれることにして、ここでは入札額を考えよう。

　入札にはトレードオフがある。高い金額を入札すれば落札できる可能性は高まるけれど、支払額もその分高くなってしまうかもしれない。反対に、安い金額を入札して落札できれば嬉しいけれど、その金額では落札できないかもしれない。評価値と落札額の差額を利得と呼ぶことは前に述べた。オークション理論では利得の期待値である期待利得をできるだけ大きくするような入札戦略を考えていく。そして、そのような入札戦略が買手にとって最適である、という。

入札戦略による期待利得＝その戦略の下での落札確率×（評価値－落札額）

　先ほど述べたように、ヤフオクのようなオンラインオークションは二位価格オークションとみなせる。そこで、ここでは二位価格オークションにおける最適な入札戦略を考えてみよう。戦略は大きく3つに分けられる。自分の評価値よりも高く入札する、評価値よりも低く入札する、そして評価値と等しく入札する戦略である。

　まずは自分の評価値よりも高く入札する戦略について考えてみよう。二位

価格オークションでは自分の入札額をそのまま支払うわけではない。けれども、評価値よりも高い金額を入札すると、せっかく落札できても利得がマイナスになってしまうかもしれない。これは、2番目に高い入札額もやはり自分の評価値を上回っている場合に起こる。自分の評価値よりも高い入札には過剰支払いのリスクがあるといえる。

次に、評価値よりも低い入札はどうだろう。このような入札には上で見た過剰支払いのリスクがないのは明らかだろう。しかし今度は別のリスクがある。自分の入札額よりも高いものの評価値よりは低い、という金額をライバルが入札した場合を考えてみよう。この場合、あなたは商品を落札することはできない。もしあなたの入札額がもっと高ければ、あなたはこの場合にも商品を落札してプラスの利得を得ることができたはずである。つまり、自分の評価値よりも低い入札には落札を逃すリスクがあるといえる。

では最後に、自分の評価値とぴったり同じ金額を入札する戦略について考えてみよう。このような戦略には過剰支払いのリスクがない。そして実は、このぴったり戦略には落札を逃すリスクもないのである。このことは、自分が落札できなかった時はすなわち、ライバルの入札額が自分の評価値を上回っている時であることからも分かる。もっと高く入札していれば良かった、と思うことがないのである。要は自分の評価値をそのまま入札することは、落札確率をできるだけ高めながらも支払い額を上げすぎないための、ノーリスクでうまいやり方なのだ。

評価値よりも高い入札、低い入札、ぴったり入札のそれぞれに対して、自分が落札するようなライバルの入札額の領域、落札しないような領域およびその場合の自分の利得が図2.1で示されているので確認してみて欲しい。図中の（＋）（－）（0）はそれぞれプラスの利得、マイナスの利得、利得ゼロを表す。

実際に、二位価格オークションでは、買手が何人いようとも自分の評価値をそのまま入札することが最適であることが理論研究から知られている。さらにいうと、この最適性はライバルの入札戦略がどのようなものであっても関係なく（この点を強調して支配戦略という）、リスクに対する態度とも無

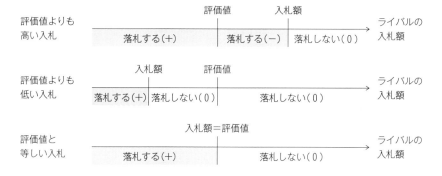

図2.1：二位価格オークションにおける入札戦略

関係である（2.7節を参照のこと）。

このように、自分の評価値をそのまま入札することが買手にとって最適となる仕組みを**真実表明メカニズム**（truth-telling mechanism）という。二位価格オークションや競上げ式オークションは真実表明メカニズムである（そして一位価格オークションや下降式オークションはそうではない）[8]。真実表明メカニズムは、買手が最適な入札額を決めるためにライバルの動向とかオークションに何人のライバルがいるのかとかをあれこれと悩む必要がない、という点で非常に優れている。オンラインオークションが二位価格や競上げ式オークションの特徴を備えているのは偶然ではないのだ。

2.4　最適オークションと効率的なオークション

オークション理論による提案を理解する上でキーポイントになるのが**最適オークション**（optimal auction）という概念だ。最適というのは「売手にと

---

[8] より一般的にはヴィックリー＝クラーク＝グローブス（VCG）メカニズムが真実表明メカニズムであることが知られている。二位価格オークションはVCGメカニズムの一種である。

って最適」であることを意味していて、具体的には「落札額を最も高くするようなオークションの仕組みを考える」ということになる。最適オークションをどのように設計するのかが、オークション理論の1つの研究テーマである。たとえば次章で見るように、開始価格も最適オークションの文脈で分析される。

それに対してオークション理論には**効率的なオークション**（efficient auction）という概念もある。これは「出品された商品を最も高く評価している買手がその商品を落札する（＝効率的）という結果になるオークション」を意味する。要は、一番お金を出せる人が大枚をはたいて必ず商品を持ち帰れるというオークションなのであるが、最適な開始価格（あるいは最適でなくとも1円より高い開始価格）を付けたオークションは必ずしも効率的ではない。なぜならば、買手の中で最も高い評価値でも、開始価格を下回る可能性があるからだ。この場合、このオークションには誰も入札せず、最も高い評価値を持つ買手も商品を落札しない。つまり、最適オークションと効率的オークションとは相いれない概念なのである。

2.5 買手が増えれば収入も増える

2.3節で見た収入同値定理が成り立つ状況では標準的なオークションはどれも等しい収入をもたらす。ただしこれは他の条件が変わらないならば、である。環境が変われば落札額も当然変わり得る。

たとえば、同じオークションでも買手が何人いるかで落札額は変わってくる。オークション会場に1人しか参加者がいない場合と、会場に100人以上の買手が集まっている場合を思い浮かべてみよう。100人いる方が落札額は高くなると思うのでは？　理論はこの直感が正しいと教えてくれる。図2.2は買手の評価値が0以上1以下の範囲で一様分布している場合の、買手の人数と売手の（期待）収入との関係を表したグラフである。横軸が買手の人数、縦軸が売手の期待収入を示している。数値をたとえば「万円」という単位の金額だと思うと話が分かりやすいかもしれない。「一様分布」というのは、

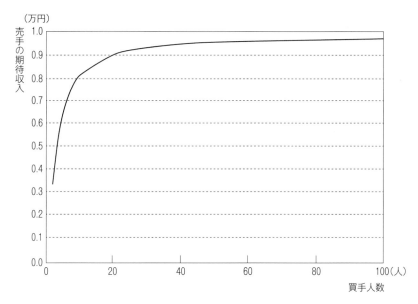

図2.2：買手人数と売手収入の関係

0以上1以下のどの値も評価値として等しくあり得るという意味である。買手が増えるほど収入が上がっていく様子が見て取れる。

買手が2人しかいない場合には売手の期待収入は0.33（3333円）だが、3人になると期待収入は50パーセント増えて0.50（5000円）となる。さらに2人増えて買手が5人になれば収入は0.67（6667円）となり、買手が2人の時と比べて倍増する。このことを現実のヤフオクへ応用すれば、とにかくたくさんの人に自分のオークションへアクセスしてもらい、潜在的な買手になってもらうことが非常に重要だということになる。

たとえば、有料の「注目のオークション」オプションを利用するとオークション一覧ページで上位に掲示されるので、アクセス数を増やすには有効な戦略だろう。実際、ヤフオクの有料オプションは半分以上が自分のオークションを目立たせるたぐいのものである。表2.1は有料オプションの利用料を

オプション	内容	利用料
最低落札価格	非公開の最低落札価格を設定する	108.0円/個
あなたへのおすすめコレクション	「マイ・オークション」の「あなたへのおすすめコレクション」に表示する	落札価格に対して1.0～99.9%
注目のオークション	商品一覧の画面上位（「注目のオークション」）に商品タイトルを表示する	21.6円/日（以上）※利用料の金額の高い順に表示される
太字テキスト	商品タイトルを太字で表示する	10.8円/出品
背景色	商品タイトルの背景を黄色くする	32.4円/出品
目立ちアイコン	美品、限定品など、商品の状態を示すアイコンを表示する	21.6円/出品
贈答品アイコン	プレゼントにふさわしい商品であることを示すアイコンを表示する	21.6円/出品
アフィリエイト	ブログやホームページに商品を掲載する	落札価格の1%

表2.1：ヤフオクの有料オプション利用料

まとめたものだ。自分のオークションを画面上位に表示できる「注目のオークション」の利用料は1日あたり21.6円（以上）、商品タイトルを太字表記にできる「太字テキスト」はオークションあたり10.8円、商品タイトルの背景色を黄色くできる（通常は白）「背景色」はオークションあたり32.4円、商品の特徴を示す各種アイコンを商品タイトルに表示できる「目立ちアイコン」「贈答品アイコン」はどちらもオークションあたり21.6円である。

　上で見たように元々の買手が2人しかいない場合、新たに買手が1人増えれば平均的な収入は50パーセント増える。買手が少ない場合には、これらの有料オプションは役に立ちそうだ。他方で最初からたくさんの買手を惹きつけられるオークションであれば、有料オプションのコストパフォーマンスはあまり良くない。

2.6 補論〈オークション理論による分析方法〉

先ほど少しふれたが、経済学ではゲーム理論を用いてオークションを分析する。本節ではヤフオクでもよく見られる「1円オークション」に2人の買手が参加する状況を例として、ゲーム理論による分析のイメージを見ていくことにしよう。

1円オークションとは開始価格が1円に設定されているオークションである。ここでは買手は独立な私的価値を持ち、オークションの形式は一位価格オークションとする。なお、ゲーム理論やゲーム理論によるオークションの定式化についてのより厳密な説明は、読書案内で挙げたゲーム理論の教科書にあたってほしい。

ゲーム理論で大事な3つの要素

さて、ゲーム理論ではゲームのルール（2.1節を参照）とともに、3つの要素が大切である。別の言い方をすれば、ゲーム理論とは、分析対象となる状況を3つの要素に分解して分析する手法ということになる。その3つの要素とは**プレイヤー**（player）、**戦略**（strategy）、**利得**（payoff）である。オークションの例では参加している買手をプレイヤーといい、戦略とは買手にとっての入札額の選び方をいう。

ただし、ここで注意しておかなくてはならないのが、入札額そのものが戦略なのではなく「入札額の選び方」が戦略である、という点だ。ある買手にとって、商品の評価値が異なれば、それに応じて入札額は変わってくるだろう。つまり、入札額は評価値に対応しているのである。そして、入札額を評価値にどう対応させるのか、その対応のさせ方を戦略と呼ぶのだ。たとえば、買手が2人いて、どちらの買手にとっても商品の評価値には5000円か8000円の2つの可能性しかないとしよう。さらに説明を単純にするために、買手が選べる入札額は、4000円か6000円の2つだけしかないとする。この場合、買手は $2 \times 2 = 4$ 個の戦略を選択肢として持っていることになる。具体的には、

- 商品の評価値が5000円ならば4000円を入札し、8000円ならば6000円を入札する
- 商品の評価値が5000円ならば6000円を入札し、8000円ならば4000円を入札する
- 商品の評価値が5000円だろうと8000円だろうと4000円を入札する
- 商品の評価値が5000円だろうと8000円だろうと6000円を入札する

という4つである。現実には評価値も入札額もいろんな値があり得るので、評価値と入札額の対応関係をリストとして書き上げるのは不可能である。そのようなリストは無限に長くなってしまうからだ。そこで、この対応関係は通常、評価値から入札額への実数値関数で表されることになる。「評価値の半額を入札する」というのは実数値関数で表された入札戦略の例である。この戦略があらゆる評価値に対して入札額をきちんと指定できる点に注意してほしい。

さて、2人の買手が戦略を決めたうえで自分の評価値をそれぞれ知れば「どちらの買手がいくらで落札するのか」という結果が決まる（入札額が同じだった場合にはくじ引きで落札者を選ぶことにしておく）。ここではたとえば、商品に対して8000円という評価値を持っている買手が実際には6000円でその商品を落札できたとしよう。この時、買手は差し引き2000円だけ「得した」ことになる。このような評価値と落札額との差額を利得という[9]。オークションでは必ずしも自分が商品を落札できるとは限らないが、この場合の利得はゼロと考えることにする。また、利得はマイナスになることもある（評価値が8000円なのに1万円も支払ってしまった！）。

いくらで入札すれば良いのかを買手が考える時には、自分のライバルの評価値がどれくらいなのかを推測する必要があるだろう。相手にとっても状況は同じである。先ほどの数値例を使って、2人の買手が一位価格オークションに参加する状況をもう少し詳しく考えてみよう。

2人の買手（買手1、買手2）の評価値がそれぞれ5000円または8000円な

---

[9] ここでは買手がリスク中立的（後述）であり、準線形の効用関数を持っていることを想定している。リスクに対する態度については2.7節を参照のこと。

買手1の評価値	買手2の評価値	
	5000円	8000円
5000円	$p_1 = \frac{4}{10}$（状態1）	$p_2 = \frac{1}{10}$（状態2）
8000円	$p_3 = \frac{1}{10}$（状態3）	$p_4 = \frac{4}{10}$（状態4）

表2.2：評価値の確率分布

ので、買手の評価値の組合せは $2 \times 2 = 4$ 通りである。それらの各通りが実際に起こる確率を事前確率と呼ぶ。ここでは事前確率が表2.2で示された値をとるとしよう。たとえば、買手1と買手2の評価値がどちらも5000円である（状態1）確率は $4/10$ である。これでゲーム理論を使ってオークションを分析するために必要な情報がひととおり出そろった。

ゲームの木

分析に必要な情報は出そろったとはいえ、全体像を把握するにはオークションはかなり複雑だ。そこで、状況をはっきりさせるために**ゲームの木**（game tree）を描いてみよう。ゲームの木とは、ゲームの進行を時間の流れに沿って表したグラフのことをいう。図2.3は上で説明したオークションを表したゲームの木である。木の「根元」から「枝先」に向かって時間が流れていく[10]。ゲームの木にはゲーム理論の3つの要素（プレイヤー、戦略、利得）がすべて描き込まれている。ただし図中の利得は金額で、単位は1000円

---

10 ゲームの木は「木」なので、根元（ゲームのスタート時点）を「下側」にして描くのが自然なように思えるが、実はゲーム理論の教科書によってもまちまちだ。根元を上側にしたり、左から幹が右に伸びていったりする木もよく用いられる。右から左に伸びるように描かれたゲームの木はあまり見かけない。

2章 オークション理論

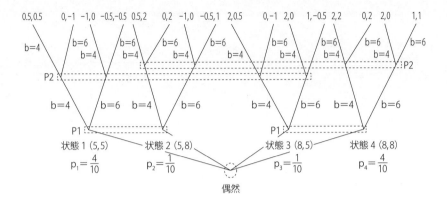

図2.3：ゲームの木

である。またP1は買手1、P2は買手2をそれぞれ表す。

　では、時間の流れに沿ってゲームの木を見ていこう。ゲームの最初では状態、つまり2人の買手の評価値がそれぞれ決まる。ゲームの木では、根元に位置する「偶然手番」が表2.2の確率分布に従って状態を実現することが表現されている。その次は、それぞれの買手が入札額を決める段階である。買手は自分の入札額を4000円（$b=4$）にするか、6000円（$b=6$）にするのかを決めなければならない。買手の各点からそれぞれ2本の枝分かれが生じているのはそのためだ。これらの各点をプレイヤーの手番という。木の中では、偶然手番から伸びた4本の枝が買手1の手番にたどり着いていることが見て取れる。そしてその先に買手2の手番が続く。

　このことは「先に入札するのが買手1で、買手2の入札がその後に続く」ということを必ずしも意味しない。ここで注意しなければならないのがゲームの木に示されている情報構造である。もう一度、買手1の4つの手番に注目してみよう。状態1と状態2からたどり着いた手番が1つの点線で囲まれていて、同じように状態3と状態4からたどり着いた手番が1つの点線で囲まれている。これは買手1にとって「点線で囲まれた2つの手番のどちらが実際に自分の置かれた状況なのか分からない」ことを意味する。その一方で、

点線の囲い同士は区別できるので、自分の置かれた状況が「状態1か状態2からたどり着いた」のか、あるいは「状態3か状態4からたどり着いた」のかは買手1にとって判別できることも意味している。

つまり、具体的にはこういうことだ。左側の点線囲みの中にいる買手1が状態1と状態2を区別できないというのは、自分の評価値が5000円であることは知っているものの相手（買手2）の評価値がいくらなのかは知らないからだ。同じように、右側の点線囲みの中にいる買手1は、自分の評価値は8000円であることを理解しているけれど買手2の評価値についてはそうではない。

買手2についても同じように考えることができる。ゲームの木の中では、買手2の手番は買手1の後に描かれているので、この時点では買手1の選んだ入札額も決まっていると考えてよい。しかし、買手2の手番を囲む点線に注意してみると、買手2はやはり、自分の評価値は知っているものの、相手（買手1）の評価値および入札額は知らない（区別できない）、という状況に置かれていることが分かる。

要は、ゲームの木は便宜的に買手1→買手2という順序で時間が流れているように描かれているが、どちらの買手も自分の評価値しか知らない状況で入札額を決めなければならないわけで、必ずしも買手1の後に買手2が入札するということではないのだ。

このゲームの木には16個の終点があり、各点には買手1と買手2の利得が書かれている。左側の数値が買手1の利得、右側が買手2の利得である。例として左から6番目の終点を見てみよう。(0, 2)という利得が示されているのが分かるだろう。この終点は状態2（買手1の評価値が5000円、買手2の評価値が8000円）において、買手1が4000円を入札し、買手2が6000円を入札した結果である。この時は、買手2が6000円を支払って商品を落札するので、買手2の利得は8000−6000＝2000円と計算できる。落札できなかった買手1の利得はゼロである。

同じように今度は一番左はじの終点を見てみよう。利得は(0.5, 0.5)である。この終点は状態1（買手1も買手2も評価値は5000円）において、買

手1も買手2も4000円を入札した結果である。この時は、どちらの買手も半々の確率で商品を落札する。支払額は4000円である。そのため買手の期待利得は0.5×(5000−4000)＝500円と計算できる。期待値で利得を表現している点に注意しよう。

ナッシュ均衡

さて、オークションの構造が分かったところで、2人の買手が実際にどのような戦略を選ぶべきなのかについて考えてみよう。ここで重要なのが**ナッシュ均衡**（Nash equilibrium）という概念であり、ゲーム理論による分析の中核をなす。ゲーム理論ではプレイヤーはナッシュ均衡を構成する戦略を選ぶ（べき）だと考える[11]。

ナッシュ均衡とは「どのプレイヤーも自分だけが戦略を変えても利得を増やすことができないという戦略の組」をいう。この例では、どちらの買手も「評価値が5000円の時には4000円を入札して、8000円の時には6000円を入札する」という戦略を選ぶことはナッシュ均衡である。買手1も買手2も、自分だけ均衡とは違う入札額を選んで本当に得することができないのだろうか？

まず、買手1でも買手2でもどちらでも良いのだが、評価値が5000円の時にナッシュ均衡戦略を無視して6000円を入札するメリットは全くない。6000円の入札では、商品を自分で落札しても利得はマイナスになってしまうからだ。

次に、評価値が8000円の買手について考えてみよう。評価値が8000円の時にナッシュ均衡に従って6000円を入札するとしよう。相手が6000円を入札してきた（相手の評価値も8000円）場合には半々の確率で、相手の入札額が4000円（相手の評価値は6000円）であれば確実に商品を落札できる。一位価格オークションなので落札額は自分の入札額である6000円になる。表2.2を

---

11 オークションでは各プレイヤー（売手や買手）が相手の評価値などを知らないことが普通なので、ゲーム理論的にはオークションは不完備情報ゲームとして定式化される。不完備情報ゲームにおけるナッシュ均衡を特にベイジアンナッシュ均衡と呼ぶ。

見ると、自分の評価値が8000円である場合、相手の評価値も8000円である（条件付き）確率は4/5＝4/10÷(1/10＋4/10)であり、相手の評価値が5000円である（条件付き）確率は1/5＝1/10÷(1/10＋4/10)である。つまり、6000円を入札した場合の期待利得は、

$$4/5 \times 1/2 \times (8000 - 6000) + 1/5 \times (8000 - 6000) = 1200$$

と計算できる。

　他方で、ナッシュ均衡である戦略を無視して4000円を入札したらどうだろうか？　相手の入札が4000円であれば半々の確率で自分がオークションに勝って商品を4000円で落札できるものの、8000円の評価値を持つ相手が6000円を入札してきた場合には入札競争に負けてしまう。負けた時の利得はゼロである。つまり、4000円を入札した場合の期待利得は、

$$1/5 \times 1/2 \times (8000 - 4000) + 4/5 \times 0 = 400$$

と計算できる。つまり、評価値が8000円の買手もやはり、大人しくナッシュ均衡戦略に従っている方が高い利得を得られることが分かった。これで、どちらの買手も「評価値が5000円の時には4000円を入札して、8000円の時には6000円を入札する」という戦略を選ぶことがナッシュ均衡であることを確認できた。

2.7　補論〈収入同値定理についてもう少し〉

　本節では収入同値定理が成り立つための条件と、収入同値定理が成り立たない場合に売手の収入がオークション形式によってどう変わってくるのかについてもう少しだけ詳しく説明しよう。

　収入同値定理が成り立つための「いくつかの条件」とはどのようなものだろうか。2つの条件があって、1つは買手の評価値についてのもの。そしてもう1つはリスクに対する買手の態度についてのものである。

条件1：買手の評価値は同一の分布を持つ独立な私的価値である。

　これはオークション研究の中でしばしばIID（＝ identical and independent

distribution）に従う IPV（= independent private value）と呼ばれる条件である。私的価値とはすでに見たように、自分の評価値が他人の入札に左右されないことをいう。そして、条件1はさらに、自分の評価値から他人の評価値を推測する手がかりがないことを要求している。

条件2：すべての買手がリスク中立的である。

リスク中立的とは経済学用語で、おカネの価値を単純に期待値で評価することを意味する。たとえば、コインを投げて表が出たら1万円をもらえるが裏が出たら何ももらえないというゲームを考えてみよう。コインは表も裏も等しく50パーセントの確率で出るので、このゲームに参加して手に入るおカネの期待値は5000円である（1万円×50% + 0円×50% = 5000円）。このゲームに参加するか、あるいは何もせずに5000円もらうかのどちらが良いですか？　こう訊かれると**リスク中立的**（risk neutral）な人はどちらでも良いと答える。どちらも期待値は5000円なんだから同じことだよ、というわけだ。他方で、ゲームに参加したがる人を**リスク愛好的**（risk loving）、確実な5000円を好む人を**リスク回避的**（risk averse）という[12]。

これらの2つの条件を満たさない状況では収入同値定理は成り立たない。つまり、売手にとって最も儲かるオークション形式は場合によりけり、ということになる。では、収入同値定理が成り立たない場合に、どのオークション形式が売手にとって望ましいのだろう？　ここではオークション理論でよく見られる基本的な4つのオークション形式（一位価格、二位価格、競上げ

---

[12] 人間の意思決定を考える時にはリスクに対する態度について気にすることがとても大事だ。年末になると銀座のチャンスセンターにはジャンボ宝くじを買う人たちの長い列ができる。日によっては窓口にたどり着くまでに1時間以上もかかるほどだ。ディズニーランドとは違ってファストパスなどはもちろんない。このような行列を横目に、宝くじを買うやつの気が知れないね、期待値が100円しかないくじに200円も出すんだから非合理もいいところだよ、という人がいるが、これは正しくない。リスク愛好的な人にとっては期待値が半分しかない宝くじを買うことは合理的な意思決定の結果だからだ。

式、下降式）について見ておくことにしよう。ところで、これらの条件を満たさない場合でも、一位価格オークションと下降式オークションとの間には収入同値の関係が保たれることが知られている。そのため、残りの3つの形式にかんする収入の大小関係がポイントになる。

　条件1を満たさない状況は2つある。まずは、買手の評価値が私的価値ではなく、相互依存価値あるいは共通価値の場合である。この場合には買手がリスク中立的であっても4つのオークションによる期待収入はもはや等しくならない。具体的には、売手にとって最も儲かるオークションは競上げ式であり、二位価格、一位価格と続く。この状況ではオークションの開始時点においてどの買手にとっても「正しい評価値」が完全には分からない、というのがポイントである。その点、競上げ式オークションでは他の買手による入札を「正しい評価値の情報」として活用することができる。そして、この追加情報が買手の入札額を高めることになる。たとえば、ある買手が5000円を入札したのであれば、自分なりの評価値と照らし合わせて実際の評価値は5000円以上である可能性が高くなる。つまり他の買手の入札は「正しい評価値」の推測値を高める傾向があり、結果として入札額も上昇することになる。やや大ざっぱにいえば、競上げ式オークションでは追加情報によって入札競争が激しくなるために、売手にとっての収入もアップするということである。

　条件1を満たさない状況の2つ目は、買手の評価値は私的価値であるものの、その分布が独立ではない場合である（2.2節の最後でふれた評価値が関連している場合）。たとえば、商品に対する自分の評価値が高い場合には、他の人の評価値も高い傾向があるような状況がこれにあたる。この状況では一位価格オークションよりも二位価格オークションの方が売手に高い収入をもたらすが、二位価格オークションと競上げ式オークションの間には収入同値の関係が成り立つ。

　最後に条件2を満たさない場合について述べておこう。買手がリスク回避的でもリスク愛好的でも条件2は満たされないが、ここでは買手がリスク回避的な場合を考える。落札時の購入金額が自分の入札額に固定されている（つまり価格変動のリスクが少ない）一位価格オークションでは、リスク回

状況	収入ランキング
○条件1、○条件2 (私的価値、独立分布、リスク中立的な買手)	下降式＝一位価格＝二位価格＝競上げ式
×条件1、○条件2 (相関価値、独立分布、リスク中立的な買手)	下降式＝一位価格＜二位価格＜競上げ式
×条件1、○条件2 (私的価値、相関分布、リスク中立的な買手)	下降式＝一位価格＜二位価格＝競上げ式
○条件1、×条件2 (私的価値、独立分布、リスク回避的な買手)	下降式＝一位価格＞二位価格＝競上げ式

表2.3：状況による収入ランキング
(Lucking-Reiley (1999) p.1065をもとに作成)

避的な買手は、落札できる可能性を高めるために入札額を少しばかり増やすことをいとわない。他方で、二位価格オークションや競上げ式オークションではリスクに対する態度とは関係なく「真実表明」が買手にとって最適な入札戦略である。その結果、一位価格オークションにおける落札額は二位価格オークションと競上げ式オークションを平均的に見て上回ることになる。

これらの内容をまとめたのが表2.3である。○はその条件を満たすこと、×は満たさないことを意味している。表2.3の1行目は2つの条件を両方とも満たしているので収入同値定理が成立する。また、4つの状況すべてにおいて、下降式オークションと一位価格オークションは収入が等しくなることも確認できる。

実際のヤフオクは？

さて、実際のヤクオクは表2.3に示した状況のどれにあてはまるだろう？たとえばPS4などのゲーム機のオークションを念頭において2つの条件を見てみよう。条件1は自分以外の買手の評価値についての条件である。条件1は買手の評価値についての「分布」について述べているけれど、現実の買手

は定まった「評価値」を自分の頭の中にすでに持ってしまっているかもしれない。そのため、この条件が成り立っているのかどうかを厳密に判断することは難しい。しかし、自分以外の買手（ライバル）がどういう評価値を持ち得るのかについて、どの買手も似たような予想を抱いていれば、この条件をおおむね満たしていると考えてよいだろう。PS4の定価は3万9980円である。とすれば、ヤフオクでPS4を手に入れようとしている買手が3万9980円よりも高い評価値を持っていることはまずないはずだ。そういう買手は単純にソニーのオンラインストアにアクセスするか、ビックカメラへ行けばよいからだ。評価値の下限は1円だけれども、1円しか出したくない！と本気で考えている人はそんなにいないような気がする。安くても1万円？　というわけで1万円から4万円弱くらいの評価値がありそうで、2万円から3万円くらいの評価値をもっている買手が多そうだ。この考え方はもっともらしく思えるだろうか。思えるとすれば、ここでは評価値は同一の分布を持っていると見なして良い。

　そして、「独立な」私的価値、という部分だけれど、これは、「PS4について自分の評価値は3万5000円である、だから周りもこのくらいの評価値を持っているライバルが多そうだ」とか「自分は5000円の評価値しかもっていない、だから周りもそんなもんだろう」とかいうことがない、ということを意味している。つまり、「自分の評価値は3万5000円だけど、他の人はよく分からない」という状況であれば分布は独立といえる。人間は誰しも自分を中心にして物事を考えてしまう傾向を持っているだろうから、周りの評価値も自分と近い、と考えてしまうかもしれない。そうだとすると条件1は必ずしも満たされていないのかもしれない。この辺りは微妙なところである。

　条件2を考えてみよう。上で見た「1万円または何もなし」あるいは「確実に5000円」のどちらかをもらえるゲームを思い出してほしい。あなたならどちらを選ぶだろう？　授業でこの質問をすると、多くの学生は「確実に5000円」を選んで、「1万円または何もなし」は少数派だ。さらに特筆すべきことに「同じことだからどちらでも良い」と答える学生はまずいない。とすると、「買手がリスク中立的である」ことを求める条件2はほとんど満た

されないのかもしれない。

　表2.3から分かるのは、私的価値オークションで買手がリスク回避的な場合には一位価格オークションの方が売手にとって魅力的だけれど、他方で評価値の分布が独立ではない、少なくとも参加者がそう思っている場合（「こんな良い商品なんだから、他の人だって評価値が高いはず」）には二位価格オークションあるいは競上げ式オークションの方が売手にとっては儲かるということだ。現実のヤフオクはそれらの要素が入り混じっているので、どちらの効果が大きいのかは分かりにくい。そうであれば、二位価格オークションや競上げ式オークションの特徴を備えているヤフオクは、売手が収入を高くするにあたって悪くない形式だということだろう。

2章のポイント

- オークション理論は経済学の中で最も成功をおさめている分野の1つ。
- 経済学ではゲーム理論を用いてオークションを定式化することが多い。
- 個人の評価値が他人に左右されない場合には、競上げ式オークションと二位価格オークションは戦略的に同じ。
- ヤフオクは二位価格オークションの枠組みで分析できる。
- いくつかの条件の下で、標準的なオークションは平均的にはどれも売手に等しい収入をもたらす。
- 二位価格オークションでは、買手は自分の評価値をそのまま入札することが最適な戦略となる。
- 買手が増えるほど売手の収入が増える。

column 1

ヤフオクのカテゴリ

　ヤフオクに商品を出品するためには「カテゴリ」を選ばなければならない。どのカテゴリに出品すれば良いのか迷うこともある（たとえば、古着を出品しようと思って洋服のブランドを検索したのに、そのブランド名のカテゴリがなかった時など）。そういう場合には多少あいまいにカテゴリを選んでも良いと思うが、あまりに商品とカテゴリがかけ離れていると「出品違反」と報告されてしまう可能性もあるので注意が必要だ。

　さて、ヤフオクにはどのようなカテゴリがあるのだろう？　1999年にYahoo!オークションが始まったときには上位カテゴリとして10項目が用意された。具体的には「おもちゃ、ゲーム」「アート、エンタテイメント」「アンティーク、コレクション」「コンピュータ」「ビジネス、オフィス」「ファッション、アクセサリー」「趣味とスポーツ」「住まい」「電化製品、カメラ」「その他の品物とサービス」である。いまから振り返ってみると、多くの商品が「その他の品物とサービス」に入ってしまいそうなほど大雑把なカテゴリ分けに見える。その一方でアートとアンティークが別々のカテゴリに分かれていて、「アンティークなアート」はどちらに出品すれば良いのだろうと迷ってしまいそうだ。

　このカテゴリが2002年には22項目になる。3年間で倍増した計算だ。具体的には「コンピュータ」「家電、AV、カメラ」「音楽」「本、雑誌」「映画、ビデオ」「おもちゃ、ゲーム」「ホビー、カルチャー」「アンティーク、コレクション」「スポーツ、レジャー」「自動車」「ファッション」「アクセ

サリー、時計」「美容、健康」「食品、飲料」「住まい、インテリア」「事務、店舗用品」「花、園芸」「チケット、金券」「ベビー用品」「タレントグッズ」「コミック、アニメグッズ」「その他」である。当初から生き残ったカテゴリがいくつかある一方で、多くはもともとのカテゴリが分離して生まれたものだ。

　2017年現在の上位カテゴリは25項目で、上記の22項目に「ペット、生き物」「不動産」「チャリティ」の3項目が加わったものとなっている。ただし「自動車」が「自動車、オートバイ」に、「チケット、金券」が「チケット、金券、宿泊予約」に、「美容、健康」が「ビューティ、ヘルスケア」にそれぞれ変更されている（ちなみに「美容、健康」はいったん「ビューティー、ヘルスケア」に変わったあとで現在の「ビューティ、ヘルスケア」へとマイナーチェンジされた。「ビューティー」と語尾を伸ばさないほうが美しいのだろうか）。下位カテゴリを含む全カテゴリ項目の総数はなんと40780！　圧倒される数字で、これだけあれば「どこにもあてはまらなくてどこに出品すれば良いのか分からない」ということはもうなさそうだ。もっとも「カテゴリが多すぎてどこに出品すれば良いのか分からない」ということはありそうだけれども。

3

いくらで出品するか？

──開始価格のオークション理論──

3.1 よくある開始価格は？

　ヤフオクに商品を出品する時に最低限決めておかなければならない項目はいくつかあるが、開始価格もその1つだ。1円以上であれば1円単位でいくらに設定しても構わない。しかし、自由度が大きいので金額を決めるのにかえって迷ってしまうかもしれない。開始価格を決めることがオークションで出品する時の最初の悩みどころといえるだろう。
　ヤフオクの出品画面では開始価格を決めるために次のようなヒントが表示されている。

開始価格はよく考えて設定しましょう。
・入札されやすいよう低い価格に設定するか
・売りたいと思う最低限の価格にするか
即決価格には「この価格ならすぐに売りたい！」と思う価格を設定しましょう。（設定は任意です）

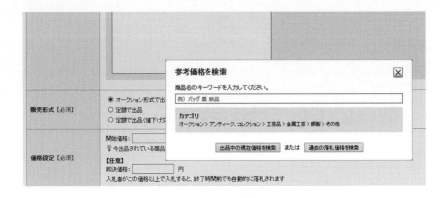

図3.1：開始価格のヒント

そして「今出品されている商品や過去に落札された商品の価格を参考にしてください」というヒント表示に加えて「参考価格を検索する」というボタンまで用意されている。ちなみにこのボタンをクリックすると出品しようとしているカテゴリの中で「出品中の現在価格」「過去の落札価格」を検索できる（図3.1）。

開始価格を決める時に、他の出品者が似た商品をいくらで出品しているのかを調べてみれば確かに何かの参考になるかもしれない。ただし実際に調べてみると、出品価格が案外ばらばらであるのに気づくだろう。

たとえば、プレイステーション4（PS4）の本体（黒）の開始価格を調べてみよう[1]。2015年4月11日から5月31日にかけて「PS4本体」カテゴリには限定品なども含めて3155台の「PS4本体（黒）」が出品された[2]。図3.2はそれらの「PS4本体（黒）」に付けられていた開始価格の分布を示している。

一見して分かるのは、誰もが選ぶような決まった開始価格というのはなさそうだということである。3万円台（30,001～40,000円）の開始価格を付け

---

[1] カテゴリの詳細は「おもちゃ、ゲーム」→「ゲーム」→「テレビゲーム」→「プレイステーション4」→「PS4本体」。

[2] カテゴリ違いの出品は無視した。落札されない場合の再出品を台数に含む。

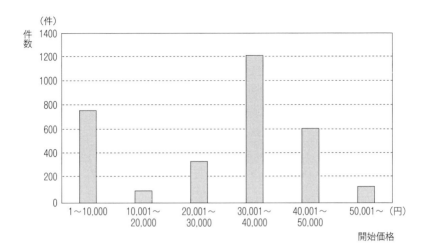

図3.2:「PS4本体(黒)」の開始価格

たオークションが最も多く全体の38.7パーセント(1222件)であり、次いで1万円以下(1〜10,000円)の開始価格を付けた出品が24.0パーセント(757件)だった。1万円以下の出品の4割以上は「1円オークション」だ。参考までに、この時点での「PS4本体(黒)」の定価は3万9980円(税込4万3178円)である[3]。「どう考えれば良いのか」が分からない出品者にとって、「よく考えて」開始価格を決めましょう、というアドバイスはあまり役に立たないかもしれない。

3.2 開始価格のパターン

さて、上で見たように実際の開始価格にはだいぶばらつきがある。出品者はいろいろなことを考えながら開始価格を決めているはずだが、考えることが人によって違うからだろう。それでも開始価格にはいくつかのパターンが

---

[3] ソニーオンラインストアでの表示価格
http://www.jp.playstation.com/ps4/hardware/ (最終閲覧日2014年6月30日)

あるように見える。ひょっとしたら開始価格のパターンの違いというのは、ターゲットにしている買手の違いを反映しているのかもしれない。よく見られる3つのパターンをあげてみよう。

　パターン①「定価」：これは、その商品の定価、あるいはそれよりもほんの少し低い金額からオークションを始めるというものである。市場に広く出回っている商品の未使用品（新品）には定価からのスタートというパターンが多い。PS4などのゲーム機器や新式モデルのデジカメなどでよく見られる。上の事例でも、最も多い価格帯はPS4の定価に近い3万円台だった。

　定価というのはある意味で妥当な価格設定である。仕事が忙しくてリアル店舗に足を運べない人がオークションで商品を買おうと思うこともあるだろう。新品だったらお店で買ってもオークションで手に入れても品質は変わらない。個人による出品なら消費税がかからないので、落札者は消費税分だけお得に商品を手に入れられるというメリットもあるかもしれない。定価スタートのオークションは、このような買手にとって魅力的である。他方で、どうせ定価だったら家電量販店に行って「安全に」買い物をしたい、という人もいるだろう。そういう買手は定価出品戦略のターゲットにはならない。

　パターン②「1円」：文字どおり、システム的に最も低い1円という金額からオークションを開始するというもの。このようなオークションを「1円オークション」という。上のPS4本体（黒）の例では全体のおよそ10パーセントを占める。PS4の新品を1円で売れれば良しとする、と考える売手はそういないはずだから、これは落札価格が十分に高くなることを見越して設定しているのだろう。ヤフオクのヒントの1番目（「入札されやすいよう低い価格に設定する」）に従った戦略の1つといえる。

　1円オークションには2つの異なる目的があると考えられる。1つ目の目的は、1円という低い金額による集客効果である。ヤフオクではオークションを現在価格の低い順に並べ替えて表示することができる。少しでも安く商品を手に入れたいと思っている買手にとって便利な機能だ。オークションが1円からスタートしていればしばらくは金額が低いまま維持されるので、この並べ替えを利用して商品を探す買手に対して自分のオークションを上位に

表示させることができる。そして現在価格が低ければ、買手が商品をチェック（さらに入札）してくれる可能性も高まる。2つ目の目的は「売り切り」である。1円から始まるオークションに買手が付かないということはあまりないので、金額はいくらでも構わないからとにかくその商品を処分してしまいたい、という出品者は1円オークションを開催する。実際に、出品タイトルに「売り切り！1円から」などという言葉を入れているオークションをよく目にする。

　1円（あるいはそれに近い低い金額）を開始価格に設定する戦略については、ケン・スティグリッツ『オークションの人間行動学』でも「特価セール」として分析されている。ヤフオクやイーベイというオンラインオークションは自由で競争的な市場なので、落札価格は一種の「市場価値」を反映する。そこで、売手は実質的に0円であるようなセール価格で出品して、商品に適正価格が付くのを待っているというわけだ。スティグリッツによれば、特価セール価格を付ける売手には2種類あるという。1つ目は大量の商品を出品して実質的に卸売りをしているような売手で、もう1つは自分の専門外の商品をたまたま扱っているディーラーである[4]。私たちが身の回りの商品を整理しようと思ってヤフオクを利用する場合はこれらのどちらにもあてはまらないが、オークションで生計を立てる、商売にするという時は特価セールを効果的に使えるかもしれない。

　パターン③「留保価値」：商品に対する売手の評価値を留保価値という。パターン③は、その商品の市場価格にかかわらず、出品者個人が「この金額以下では売りたくない！」と考える価格を開始価格に設定するというものである。上で紹介したヤフオクの2番目のヒント（「売りたいと思う最低限の価格」）がこれにあたる。たとえば、パーティのビンゴ大会でゲーム機を当てたけれど自分ではゲームなんてしないし……、という人にとってはそのゲーム機の留保価値はそれほど高くないだろう。この場合には新品の商品だからといって必ずしも定価を開始価格にするのではなく、もっと低い価格を設

---

[4] 『オークションの人間行動学』邦訳69ページ。

定するかもしれない。他方で、衣装ケースに入りきらなくなってきたせいで洋服を整理しなくてはならないもののあまり安売りしたくないという場合（「最近は全然着ないんだけど、彼女に買ってもらったからなんか思い入れがあるんだよなあ」）や、限定品などのレアな商品を出品する場合なら中古品でも定価より高い金額が付けられることになる。もちろん「留保価値＝定価」という場合も多いだろう。

　自分なりの留保価値で出品するというのは、売手にとってとにかく安心な戦略である。価格は開始価格よりも高くなる可能性はあるが、決して低くはならないからだ。定価よりも高い価格で出品されていても、その商品の希少価値が買手に共有されているならば落札される可能性は十分にある。しかし、単なる自分の思い入れで高い開始価格を設定しているならば、その価格で商品が落札されることはまずないだろう。もっともこの場合には、そもそもその価格より安く売りたくはないわけで、落札されなくても後悔はないはずだけれど。

　ところで、これらの3つのパターンは商品を今回のオークションで売り切ることが暗黙のうちに想定されている。いいかえると、商品が落札されなかった場合には売らずに自分でその商品を使うという想定である。このような想定をしない場合には、先ほどの3つのパターンに当てはまらないが、それでいて重要な開始価格の戦略というものがある。それは、初めに付けた価格では売れないことを織り込みつつ、再出品のたびに値下げしていくというものだ（ある意味でその価格は「留保価値」であるともいえる）。この戦略では、最初の出品価格は高めに設定される。このような再出品と開始価格の関係についてはまたあとでふれよう（3.4節を参照のこと）。

3.3　いくらで出品すればよい？──開始価格のオークション理論──

　個々のオークションによってだいぶ違うものの、開始価格にはいくつかのパターンがあることを見てきた。では、けっきょくのところ、どのような開始価格を選べば良いのだろう？　ヤフオクヘルプのアドバイスとは異なり、

開始価格を決めるために「落札価格」の情報を活用すべし、という考え方もある。ヤフオクの解説本を見てみると、平均落札価格を調べ、それよりも1円から10円くらい安い金額を開始価格に設定するのがよい、というアドバイスが書かれている。落札価格をきちんとチェックして相場を把握することが重要なのだという[5]。出品しようとする商品と同一のアイテムがすでにたくさん落札されているのならば、（平均）落札価格を市場での実勢価格とみなすことができる。そのような実勢価格を開始価格にするという戦略には一定の合理性があるといえるだろう。ただし、この戦略には問題もある。これから出品しようと考えている商品がヤフオクにあまり出回っていない場合には、落札価格のデータが手に入りにくく、戦略を立てられなくなってしまう。同種の、ただし色違いの商品の落札価格を参考にしたら、実は色によって人気がまったく違っていて、結果としてはだいぶ的外れな開始価格を付けてしまった、ということもあり得る。また、落札実績はあるけれど落札価格に大きな差がある、という場合には「平均」があまり意味をなさない（1000円と1万9000円で落札されたことがある商品に対して、1万円という金額を実勢価格と見るのは不自然である）。このような場合でも、オークション理論は最適な開始価格についてあなたにアドバイスすることができる。

　オークション理論は、開始価格がゼロに設定されるオークションとそれ以外を分けて考える。開始価格がゼロであるオークションを特に**純オークション**（pure auction）と呼ぶこともある。実際のヤフオクでは「価格ゼロ」を開始価格には設定できないので、純オークションに対応するのは1円オークション（開始価格が1円に設定されたオークション）である。他方で、ゼロよりも高い開始価格は「この価格以下では落札されない保証」を売手に与えることにほかならないため、このような開始価格は**留保価格**（reserve price）と呼ばれる。別のいい方をすると、純オークションとは留保価格を付けない

---

[5] 山口・リンクアップ（2013）『ヤフオク！攻略大事典』の166～167ページを参照のこと。ただし、この本では平均落札価格よりもやや安い開始価格と、その開始価格の1.2倍から1.5倍の即決価格をセットで付けることを提案している。即決価格については4章で述べる。

オークションである。以下では、開始価格（留保価格）をどう付けるべきかについて、オークション理論が提案する内容を見ていくことにしよう。

　先にも少しふれたが、売手の収入をできるだけ高くするためのオークション形式を調べる最適オークションの文脈で開始価格は研究されてきた（2.4節を参照のこと）。最適オークションにかんする初期の研究において最も重要な発見の1つは、純オークションは最適オークションではないということだ。ヤフオクに照らしていうと、1円オークションでは最高の落札額を望めない、となる。落札額を高めたいなら開始価格を1円よりも高くしなければならない。

　最適オークションにかんして、経済学者たちは留保価格付きのオークションを行う（つまり1円よりも高い開始価格を付ける）ことのメリットとデメリットを詳しく分析してきた。デメリットは比較的明らかで、開始価格を上げていくにつれて商品が落札されずに終わるリスクが高まっていくことだ。1円オークションではこのようなリスクは低い。その商品を欲しいと思っているどの買手の評価値も1円以上のはずなので、これはつまり（潜在的には）すべての買手がこのオークションで入札してくれることを意味している。

　これに対して開始価格を1円よりも高く設定することのメリットは少し分かりにくい。そこで、メリットを理解するために、例として1円オークションと1万円スタートのオークションによる落札額を比べてみよう。オークション形式は二位価格オークションとする。

　まず、買手が1人しか現れなかったとして、この買手が1万2000円を入札したとする。入札者が1人しかいないので、商品は開始価格で落札される。1円オークションなら1円、1万円スタートのオークションでは1万円である。このように入札者が1人しかいない場合に、1円よりも高い開始価格は威力を発揮する。次に、2人の買手がそれぞれ1万2000円と8000円を入札したとする。この場合の落札額は、1円オークションでは8000円、1万円スタートのオークションでは1万円である（実際には1万円スタートのオークションでは8000円を入札することはできない）[6]。この場合にも、高い開始価格のおかげで売手の収入は増えることになる。最後に、2人の買手による入札

52

額がそれぞれ1万2000円と1万500円だった場合には、どちらのオークションでも落札額は等しく1万500円である。

　この例から分かるように、開始価格を1円よりも高くすることには落札額をアップさせられる（場合がある）というメリットがある。そしてこのメリットの恩恵を受けられるのは特定の状況である、ということも同時に分かる。特定の状況とは具体的にいえば次の2つである。

（状況1）買手が1人しかいない。
（状況2）2人以上の買手がいて、最も高い入札額と2番目に高い入札額の間に開始価格が設定されている。

　ヤフオクを理論的には二位価格オークションと見なすことができることは2.2節で述べたとおりである。そのため、ヤフオクでは代理入札システムを利用して自分の評価値をそのまま入札するのが買手にとって最適になる。もし買手が実際にそのような入札戦略を採用すると考えられるなら、上の状況2を次のように書きかえることができる。

（状況2'）2人以上の買手がいて、最も高い<u>評価値</u>と2番目に高い<u>評価値</u>の間に開始価格が設定されている。

　買手が何人いるのかは売手が決められることではなく、それは神のみぞ知ることである。他方で開始価格の決め方はまさに売手の裁量に任されているので、最も高い評価値と2番目に高い評価値の間に開始価格を設定すればよい。しかしこれは、それほど簡単なことではないように思えるのでは？　売

6　実際のヤフオクでは「2番目に高い入札額＋最小入札単位」が落札額になるので、この例の1円オークションでは落札額は8250円になる。最小入札単位は現在価格が高くなるにつれて上がっていく。具体的には現在価格が1000円未満なら10円が最小単位、1000円以上5000円未満なら100円が最小単位、5000円以上1万円未満なら250円が最小単位、1万円以上5万円未満なら500円が最小単位、5万円以上ならば1000円が最小単位になる。

3章　いくらで出品するか？——開始価格のオークション理論——

手は出品する時点で開始価格を決めなければならないが、個別の買手がどのような評価値を持っているのかはまったく不明であるからだ。

　売手がどんな開始価格を付けたとしても、それが状況2'にあてはまる可能性はある。もちろん開始価格があまりにも高すぎたり低すぎたりすれば、その価格が状況2'にあてはまる可能性は低いだろうが、それでも可能性は常にある。そして、これが肝心なのだが、期待値の意味で先に述べたメリットの恩恵を受けやすい開始価格というものを実は計算できるのである。このことは、そのような開始価格を付けると、純オークションと比べて落札確率が下がるデメリットよりも落札価格アップのメリットが大きくなることを意味している。

　ところで、「1円よりも高い開始価格を付けることが売手にとって最適である」ことをいいかえれば「売手の期待収入を高めるためには評価値の低い買手をオークションに参加させるべきではない」となる点に注意しておこう。とすれば、売手の期待収入を高める方法は他にもあるだろう。評価値の低い買手をオークションから排除する方法は高い開始価格を付けることだけとは限らないからだ。たとえば、オークションへの参加費を課すことでもこの目的は果たせる（この参加費を売手が手にするわけではない）。実際に、この2つは同じ役割を果たすことが理論的には知られていて、最適な開始価格に対応する参加費をうまく選ぶことができる。

3.4　最適な開始価格の特徴

　前節ではオークション理論が提案する最適な開始価格（留保価格）について述べた。本節では、この最適な開始価格の性質について重要な点を3つ述べておくことにしよう[7]。

　まず、最適な開始価格を設定したオークションは純オークション（1円オークション）よりも高い収入を売手にもたらすが、ここでいう「高い」とは

---

[7] 以下の議論ではふれないが、最適な開始価格は買手のリスク回避度とも関係している。買手がリスク回避的になるにつれて最適な開始価格は下がる。

「平均的に高い」ということを意味している。いいかえると、オークションの落札結果を個別に見てみると、開始価格がいくらでも落札額には違いがなかったとか、開始価格が高かったせいで落札されなかったとかいうことはある。それは、理論的に最適なレベルの開始価格であっても同じである。

次に、先ほどまでの話では、出品している商品が売手にとっては無価値である（売手の留保価値がゼロ）ということを暗に想定して話を進めていたのだが、実際にはそうではないことも多いだろう。この場合にも議論を少し修正するだけで、最適な開始価格についての考え方は有効である。具体的には、1円オークションのかわりに「留保価格スタートのオークション」を純オークションと見なすと考えればよい。この場合の最適な開始価格とは「売手の評価値を上回る開始価格」である。ヤフオクヘルプでは「売りたいと思う最低限の価格」を開始価格にすると良いとアドバイスしていたが、オークション理論は、「売りたいと思う最低限の価格よりも高い価格」を開始価格にすべきだと提案する。売りたいと思う最低限の価格が1万円の場合に1万1000円を開始価格にする、というような感じである。ただし理論的には、この議論は買手が売手の留保価値を知っている、ということを想定している。

留保価値よりも高く出品すれば、留保価値を開始価格に設定した時とくらべて落札されない確率は高まる。ただし、売れた時に落札価格が高くなる可能性がある。開始価格をうまく付けるとメリットがデメリットを上回るという点は、売手の留保価値がゼロである場合の議論と同じである。

最後に、最適な開始価格についてのポイントをもう1つ見ておこう。そのポイントとは、開始価格を決める時に潜在的な買手の人数を気にする必要はない、というものだ。これは直感に反するかもしれない。たくさんの買手が集まりそうな人気商品を出品する場合には開始価格を低くして、入札があまり期待できない時にはあらかじめ高い開始価格から始める、というように買手の数に応じて開始価格を変える必要がありそうな気がするからだ。ところが、オークション理論によればそうではない。この結果は経済学者にとっても驚きであり、実際に、この結果を発見した論文の中でも結果を述べる際に「驚くべきことに（surprisingly）」という言葉が用いられている[8]。

図3.3は、オークションに参加している買手が2人、3人、10人の場合に、売手の期待収入が開始価格によってそれぞれどう変わるのかを示している[9]。買手の評価値は0以上1以下の範囲で一様に分布しているとする。横軸が開始価格、縦軸が売手の期待収入である。開始価格をゼロから上げていくにつれて期待収入が増えていくのだが、その傾向はずっと続くというわけではない。ある価格を超えると今度は逆に、開始価格を上げるほど期待収入は下がっていくことを見て取れる（買手が10人の場合の曲線はやや分かりにくいけれども）。つまり期待収入が最も高くなるような開始価格が最適な開始価格というわけなのだが、これは図中のすべての場合に共通して0.5という価格なのである。ここでも数値に「万円」という単位を付けて金額だと思うとイメージが浮かびやすい。買手が2人の場合、1円スタートのオークション（純オークション）による買手の期待収入は3333円なのだが、5000円という最適な開始価格を付けることで収入を25パーセント増やすことができる（期待収入＝4167円）。

　もっとも、開始価格を工夫してうまく付けることのご利益は買手が増えるにつれて小さくなってしまう。買手が3人の場合、1円スタートによる買手の期待収入は5000円で、同じく5000円という最適な開始価格を付けることで増やせる収入は12.5パーセントである（期待収入＝5625円）。これが10人の買手の場合になると、開始価格を最適な値にしたところで1円オークションとくらべて増やせる収入はほんのわずかだ。その理由は、買手が増えるほど開始価格でそのまま落札されるケースが減っていくことにある。3.3節の議論を思い出してみると、開始価格が威力を発揮してくれるのは、最も高い買手の評価値と2番目に高い買手の評価値の間に開始価格がぴたりと収まった場合である。買手が少なければそういうことはしばしば起こりうるが、たくさんの買手が参加するオークションではそういうことは少ないだろう。開始価格よりも高く評価する買手が複数いれば、もはや開始価格はその後のオークションに影響を与えないのである。

8　Riley and Samuelson（1981, p. 382）
9　売手の評価値はゼロとしている。

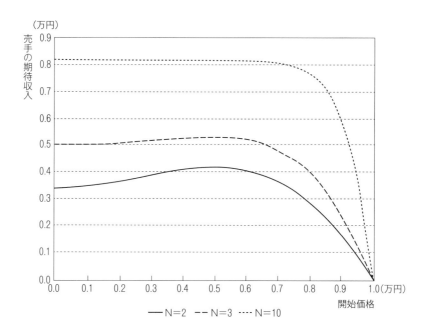

図3.3：開始価格と期待収入の関係

3.5 開始価格と買手の数との熱い関係

　前節で、潜在的な買手が何人いようとも最適な開始価格は変わらない、というオークション理論の重要な研究結果を紹介した。しかし、この結果は無条件に成り立つというわけではなく（収入同値定理もそうだったが）、2つの例外的な状況がある。そして、実際にヤフオクを観察してみると、それらの状況に出会うこともしばしばある。では、そのような例外的な状況とはどのようなものなのだろう？　ひと言で表せば、売手の選んだ開始価格が売手しか知らないはずの情報について何かを伝えてしまうという場合がそれである。このような情報を伝える仕組みを経済学では、シグナルあるいは**シグナ**

リング（signaling）という[10]。以下で詳しく見ていこう。

商品価値についてのシグナリング

　買手の評価値が私的価値でなおかつ独立している場合（2.7節）には、売手にとって最適な開始価格は買手の人数と無関係である。ところが、この前提がくずれると、最適な開始価格が買手の人数に応じて変わってくる場合が出てくる。

　ヤフオクで激レアなジッポライターが出品されているとしよう。このようなオークションでは評価値が買手同士で関連している（2.2節）と考えることができる（この極端なケースが共通価値オークションである）。さらに、個々の買手は評価値にかんする情報を独自に得ていて（つまり、評価値にかんする情報は独立していて）、売手自身の評価値も買手の評価値と関連していると考えよう[11]。売手にとって評価の高い商品ならば買手も高く評価するし、ほとんど価値がないと売手が考える商品は買手にとっても価値が低い。そもそもレアアイテムの持ち主であるような売手は自分自身、買手と同じコレクターであるわけで、このような状況はとても自然である。

　さて、あなたがこのようなジッポライターを出品する立場だったとしたら、どのように開始価格を決めるだろう？　おそらく、レア度が高くて価値の高い商品ほど開始価格を高く設定するのではないだろうか。逆に、売手にとって自分の評価値が低ければ開始価格を下げるだろう。そうだとすれば、このような開始価格は売手の「私的情報」、つまり「売手が出品している商品を売手がどのように評価しているのか」についての情報を含んでいることにな

---

[10] 経済学でいうシグナリングでは、情報の送り手が何かしらの情報を送るために負担を強いられることが必要である。そのため特にコストのかかるシグナル（costly signal）とも呼ばれる。「愛してるよ」という言葉にはシグナリング機能が備わっていないが、カルティエのリングを添えると俄然、シグナリングの役目を果たす。

[11] 正確にいうと、個々の買手の評価値は、買手全員の情報と「共通価値の要素」（どの買手の評価値にも等しく影響を与える要素）によって決まる。そして売手の評価値はこの「共通価値の要素」と完全に正の相関を持つ。ただし、買手が個別に得る情報と「共通価値の要素」は独立とする。

る。買手にとっては開始価格に売手の評価値が透けて見えるということである。そしてこのような状況では、自分のオークションに買手がたくさん参加しているほど売手は開始価格を高くすべきなのである（売手の評価値が一定だったとして）。

なぜそうなるのかを考えてみよう。ひとまず売手のことはおいておくことにする。さて、どの買手も商品の価値にかんして何かしら情報を持っているので、評価値を推測することは可能である。ただし、その情報はあくまで断片的なものに過ぎないので、評価値を正しく推測するためには十分とはいえない。買手全員の情報が分かって初めて評価値を正しく知ることができるからだ。買手個人の立場からすると、買手がよりたくさん参加しているオークションでは、自分は相対的に不十分な情報しか持っていないことになってしまう。そして商品の本当の価値があやふやなら、普通に考えて買手は入札を控えるだろう。

さて、ここで効いてくるのが売手の情報である。売手は自分の評価値を正しく知っているというのがポイントになる。売手の評価値は買手の評価値と正の相関を持っているので、開始価格からにじみ出る売手の評価値情報は買手が本当の評価値を正しく推測するのを助ける役割を果たすことができる。そしてたくさんのライバルに囲まれて弱気になっている買手に対して、売手はより強いメッセージを送って買手を手助けする必要が出てくるのだ。（売手の評価値を一定として）高めに設定された開始価格がその役目を果たしてくれる[12]。

買手の人数についてのシグナリング

いま見たケースでは商品の価値が売手の私的情報になっていたが、売手が知っているのは商品価値だけであるとは限らない。ヤフオクにはウォッチリストという機能があって、売手は自分のオークションに何人の買手が「ウォ

---

12 実証研究によれば商品の品質を伝えるうえでシグナリングの役目を果たしうる要素には開始価格、即決価格（4章）、非公開留保価格（6章）の3つがある（Lie at al., 2009）。

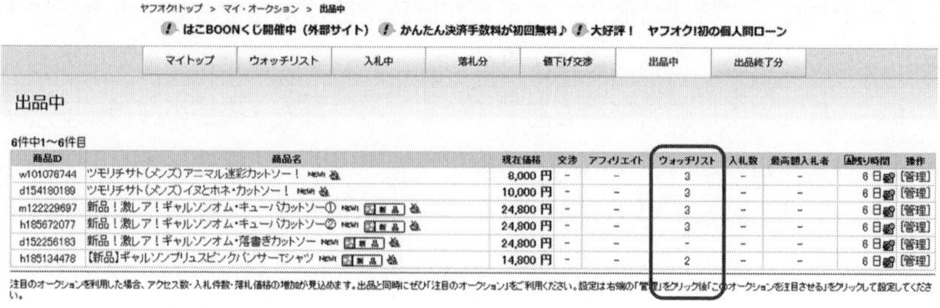

図3.4：ウォッチリストに登録している買手の数

ッチしているのか」を知ることができる（図3.4）。買手が自分の「気になるオークションを「ウォッチリスト」に追加すると、あとから簡単にアクセスして、入札状況などを確認」できるだけでなく、「オークションの終了時間が近づくと、メールなどで通知する機能「ウォッチリストリマインダー」も利用」できる[13]。買手がウォッチするのは自分が興味を持っているオークションのはずなので、ウォッチしている買手の人数というのは自分のオークションに対する潜在的な買手の人数だと考えても良いだろう。これも売手にとって重要な私的情報の1つである。

　二位価格オークションでは自分の評価値を入札するのが理論的には最適な入札の仕方である。これはライバルが何人いようと変わらない。しかし、実際にはよりたくさんの買手が参加するオークションほど各買手の入札は高くなりがちである。その点に注目して、開始価格を利用して買手にライバルの人数を伝える方法を考えてみよう。

　まず、ライバルが多いほど買手が入札の金額を上げてくるならば、売手としてはたくさんの買手がこのオークションに参加していると買手に思わせたいだろう。最も簡単な方法は「たくさんの方にウォッチリストに入れて頂き

---

[13] ヤフオク！ヘルプ「気になるオークションをウォッチリストに追加する」http://www.yahoo-help.jp/app/answers/detail/a_id/40655/p/353（最終閲覧日2017年2月10日）

ましてありがとうございます」などと商品説明のページに書いておくことである。商品説明を追記できる機能がヤフオクには備わっていて、実際にこのようなメッセージを書いている売手は少なくない。でも、このようなメッセージを信じる理由はどこにあるだろう？ 普通に考えて、買手がたくさんいると思わせたい売手はこのようなメッセージを載せておくはずである。本当かどうか誰にも分らないし、書くだけなら自由だからだ。このような口先だけのメッセージを経済学ではチープトークという。ではメッセージを「チープ」ではなくするにはどうすればよいだろう？ 開始価格を利用するというのがそれである。

いま、買手がたくさんいることを伝えるために開始価格を高く付けるとしよう。このことを買手が正しく理解していれば、高い開始価格を見た買手はライバルに勝つために実際に入札額を上げるはずである。でも、そうだとすれば、すごくたくさんの買手がいると思わせるために売手は開始価格をやたらめったら高くしてしまうのでは？ 実はそうはならないのだ。なぜなら、実際には買手がそれほど多くないのに開始価格を高くすると、商品が落札される確率が下がってしまうからである。つまり売手は買手の実際の人数に応じてバランスよく開始価格を上げていくことで、買手に人数を正しく伝えることができる。つまり開始価格をシグナリングに利用できるのである。

3.6 再出品する時の開始価格

伝統的なオークションでも年に何回もオークションは開催されているし[14]、他にもオークションハウスがあるので売手は商品が落札されなくても再出品することが可能だ。ただし出品手数料はそれなりにかかるし、次回の出品までは日数もけっこうある。その点ヤフオクのようなオンラインオークションでは1回のオークションが終わった直後に再出品できるし、再出品にかかる手数料もタダ同然に安い（ずいぶん前からヤフオクでは出品手数料が無料に

---

[14] たとえば日本国内で最も多くの美術品をあつかう毎日オークションでは、年間30回ほどのオークションを開催している。月に2〜3回という計算になる。

なっている。出品の条件を変えないなら、再出品にかかる手間は「出品する」をクリックすることだけ)。

　さらに、再出品のわずかな手間でさえも完全になくすことができる。再出品について、ヤフオクの出品画面では出品時に「自動再出品」というオプションがあり、1回から3回の範囲で選べる。自動再出品を設定しておくと、商品が落札されなかった場合に、最初に出品した時に設定したのと同じ設定で商品が自動的に再出品される。

　このように再出品にはお金も手間も（ほとんど）かからない。そのため、オークション理論ではオンラインオークションを**逐次オークション**（sequential auction）とみなして分析することがある。開始価格を付けてオークションを行い、商品が落札されなければ新たに開始価格を付けて再出品する。再び落札されなければまた別の開始価格を付けて再出品する。このように逐次的にオークションを繰り返していくのである。

　オンラインオークションが逐次オークションならば、毎回のオークションでどのような開始価格を付ければ良いのかはオークションを1回しか行わない場合の開始価格とは違ってくるだろう。このように再出品が可能な場合に、各回のオークションで開始価格をどのように設定すればよいのかについて本節では考えてみよう。

徐々に値下げ

　再出品における開始価格の決め方については大きく2つの考え方がある。1つ目は、再出品のたびに開始価格を徐々に下げていくべきだという考え方である。

　「売れなければ金額を下げていくなんて、そんなの当たり前でしょ」

　あなたはそう思うかもしれないけれど、話はそれほど単純ではない。その理由を考えるために、あなたが気になる商品をヤフオクで見つけて、しかもその商品にまだ誰も入札していないという状況を考えてみよう。あなたはこの商品に今すぐ入札するべきだろうか？

　ヤフオクではよくあることだが、あなたの入札がきっかけとなって、他の

人も入札してくることがある。この場合に、あなたはライバルと競らなければならないので、落札額は開始価格よりも高くなってしまう。もちろんあなた以外に誰も入札してこないこともあって、その場合には、あなたは開始価格で商品を落札できる。実際のところ開始価格が高く設定されているオークションでは入札者が1人しかいないことはけっこうある。もっとも、「1円オークション」でも1人しか入札せずにけっきょく1円で落札！ということもたまにはあるようだ。たとえばインターネットで検索してみると、「着ないまま仕舞いこんでいた薄手のカーディガンを1円で落札した」というエピソードが見つかった[15]。落札者が出品者に本当に1円で落札してしまって良いのかたずねたところ、「正直1円のまま終わるとは思っていなかったのですが……」という返事が来たという。

　話を戻すと、オークションに自分1人しか入札者がいなければ開始価格で落札できる、というのがポイントである。さて、このオークションに誰も入札しなかった場合には売手が開始価格を下げることが分かっているとしよう。とすれば、何も今すぐ入札しないで、ウォッチリストにオークションを登録したまましばらく様子を見る、という選択肢が出てくるだろう。再出品の時に開始価格が下がって、そしてその時にあなたしか入札者がいなければ、あなたはより安い開始価格で商品を落札できる、というわけだ。このことを前提とすると「値下がりするのを待つ」という買手の戦略（や心理）を知っている売手は開始価格をどんどん下げていくかもしれない。なぜなら、どうせ売るなら商品を早く処分してしまいたい、と売手は考えているからだ。これが、逐次オークションで開始価格を徐々に下げていくべきだとするオークション理論による理由である。自分1人しか入札者がいない可能性を買手が期待しているという点がポイントだ。

　ところで先ほど説明した「自動再出品」であるが、売手は自動再出品を選ぶ時に一緒に「自動値下げ」を選ぶこともできる。自動値下げを設定しておくとあらかじめ指定した値下げ率に従って開始価格が下がった状態で商品が

---

[15] http://yahuoku.fc2web.com/an/an02.htm （2016年2月18日閲覧）

自動的に再出品される。値下げ率には5パーセントから30パーセントまで5パーセント刻みで6つの選択肢がある。たとえば自動値下げ率を5パーセントに設定して1万円の開始価格で出品するとしよう。この時入札が1件もなくて商品が落札されないと、次回は自動的に開始価格が9500円で設定される。9500円から始まってもまた入札者が誰もいないままオークションが終了すると、その次は9500円×95％＝9025円という開始価格でオークションが始まる。ヤフオクに用意されている「自動値下げ」オプションはまさにこの考え方と整合的だといえる。

価格維持

　もう1つの考え方は先ほどのものと真っ向から対立していて、再出品の際にもずっと同じ開始価格を付け続けるべきだというものだ。この理論の背景にある考え方はこうだ。

　オークションに参加している買手というのはとても流動的な存在で、再出品のたびに自分のオークションに興味を持ってくれる買手は入れ替わるだろう。たとえば、再出品して始まる次のオークションでは新しい買手が現れるだろうし、今回落札しなかった買手はどこか別のオークションやあるいはリアル店舗に行ってしまうかもしれない。だとすれば、出品者にとっては再出品というのはまさに「リセットボタン」のようなものである。再出品のたびに同じ状況が繰り返されるというわけだ。状況が同じなら、最適な開始価格も同じでなければおかしいだろう。

　ただしこのような場合、開始価格を決めるにあたって売手は「オプション価値」を考えなくてはならない。売手が自由に再出品できる時には、今回売れなかったとしても次回のオークションで売れる収入を見積もることができる。つまりこれが再出品というオプションの価値である。売手自身にとっての留保価値と、このオプション価値の両方に基づいて最適な開始価格が決まるため、再出品しない場合とくらべて高い価格が付けられることになる。

　この議論の中で重要なもう1つのポイントとして、売手がいったんこうと決めた価格は今後も下がらない、このことを売手も買手も正しく理解してい

る必要がある。また、オークションが終わった後に、値下げして売ってしまうこともない。これは実は重要なポイントなのである。

　また、最高入札額が最低落札価格を下回っていても、オークションが終わった時点では、その価格でなら商品を売ってしまいたいと売手が思うことがあるかもしれない。たとえば、最低落札価格を1万円に設定しておいたら、結果的に最高入札額が9900円でオークションが終わってしまったとしよう。再出品する手間を考えれば、最低落札価格より安かろうとたった100円くらいなら妥協して今回売り切ってしまいたいと考える売手がいてもおかしくない。しかしヤフオクではシステム上、このような場合でも落札はされない。いったん最低落札価格を設定したら、最高入札額がたとえ1円しか安くなくても商品を売れないのだ。このような状況を、売手が落札価格に**コミットできる**（commit）、あるいは**コミットメント**（commitment）が可能であるという。

　これら2つの考え方の背後には、買手についての両極端な想定がそれぞれあるのだといえる。「徐々に値下げ」理論では、再出品で始まるオークションでも自分のオークションに興味を持っている潜在的な買手は同じでまったく変わらない。他方で「価格維持」理論の方では、買手は毎回完全に入れ替わってしまう。前回と今回の買手がまったく同じというのは考えにくいものの、ウォッチリストに登録している買手のほとんどは今回も引き続き潜在的な入札者であり続けるだろう。その一方で、同じ（あるいは類似の）商品を他のオークションやお店で手に入れてしまった買手はオークションから出ていくし、新しくこのオークションを「発見」する買手が今度は入ってくる。つまり、現実はこの両極端の中間にあるのだ。

　もし一部の買手が残って別の一部が新しく入れ替わるのであればどちらの理論結果の方がもっともらしいのだろう？　より現実的なそのような状況を分析した理論研究というのは残念ながら存在しない。けれども恐らくは、自分のオークションをウォッチし続ける買手がいるのであれば、「徐々に値下げ」理論の結果がある程度成り立つと考えられる。その上で、値下げの度合

いが変わってくるはずだ。

　実際のヤフオクで再出品の開始価格を決める時にはどのような点に注意すれば良いだろうか？　まず、すべての売手が必ずしも早く売りたいと思っているわけではないということには気を留めておくべきだろう。これは「徐々に値下げ」理論が想定していない状況である。そして早売りしたくない売手は再出品の際にも開始価格を下げないかもしれない。たとえば、純粋に趣味でヤフオクを楽しんでいて売りたい価格で売れるまで気長に待とうという売手は価格を下げないだろう。個人が出品するオークションにありがちである。

　そして、複数の商品を同時並行的に出品している売手で、安売りが自分の他のオークションに悪影響を与えると考えている場合には、やはり売手は開始価格を下げないかもしれない。これはストアなどの大口の出品者にあてはまるだろう。いつまで経っても値下がりしないならば、買手にとっても待つのは時間の無駄である。開始価格が下がるのを待つのは個人出品のオークションに限定するのが得策だと考えることができる。

3.7　補論〈理論を活かして最適な開始価格を考えてみよう〉

　ここではオークション理論による結果を使って、実際に売手がどのような開始価格を付ければ良いのかについて考えてみよう。理論を現実の世界に当てはめようとする時には、その理論がなにを前提としているのかに注意を向けることがたいせつだ。その上で、前提と実際の状況がそれなりに似ている必要がある。理論が特別な仮定をおく対象は買手の評価値の分布だったり、買手のリスクに対する姿勢だったりする。実際のオークションでそういった分布や姿勢がどうなっているのかが分からない限り、本当のところでは理論の結果を正確に使うことはできない。けれどもそんなことを言っても仕方がないので、ここでは細かいことをばっさり切って、最適な開始価格の付け方を考えてみよう（途中で数式や文字式が出てくるが、別にすっとばしてもかまわない）。

　まず買手はリスク中立的だと仮定する。現実にはリスク回避的な買手も多

いだろうが、リスク回避の度合を考えるとキリがないので、これはまあ妥協である。次に、ここでは買手の評価値が独立な私的価値であるとする。ゲーム機やコミック、古着など、骨とう的な価値はないような商品を出品するという状況を思い浮かべればよいだろう。その上で最後に、買手の評価値に対する範囲と分布を考えてみよう。オークションで買おうと思っている人たちが、こういった商品を新品の定価よりも高く評価することはまずありえない。そのため、買手の評価値はゼロから定価の範囲に分布していると考えて差し支えないだろう。そこで、以下の説明では商品の定価を1として、定価に対する割合で評価値を考えることにする。あなた自身の評価値についても同じことがいえるので、自分にとっての評価値が定価の何パーセントなのかを明確にしておこう。分布については「最適な開始価格」を実際に求める際に考えることにする。

　さて、オークションで商品を出品した後に起こり得る結果は次の3つのいずれかである。商品が落札されない、開始価格で落札される、開始価格よりも高く落札される。商品が落札されないというのは、潜在的な買手の評価値よりも設定した開始価格が高かったという場合である。開始価格で落札された場合とは、自分のオークションに興味を持ってくれたのが1人しかいないか、あるいは2人以上いたけれどそのうちの1人だけが開始価格よりも高い評価値を持っていたのかのいずれかである。最後の、開始価格よりも高く商品が売れた場合とは、2人以上の買手が競った結果である。これらの3つのケースがあることを踏まえて、自分の評価値が v_0 である売手が r という開始価格を付けた場合の期待収入は次の式で表すことができる。ただし、F が買手の評価値の分布関数、n が買手の人数をそれぞれ表す。右辺の3つの項が、上で説明した3つのケースのそれぞれで得られる収入に対応している[16]。

$$F(r)^n v_0 + nF(r)^{n-1}[1-F(r)]r + n(n-1)\int_r^{v_0} F(p)^{n-2}[1-F(p)]f(p)p\,dp$$

16　この式の具体的な求め方は、読書案内であげたオークション理論の教科書を参照してほしい。

あなたにとってはこの期待収入をできるだけ大きくするように開始価格を選べばよいということになる。実際にそのような開始価格を計算してみると、

$$r = v_0 + \frac{1-F(r)}{f(r)}$$

となる。

すでに説明したように、この開始価格は買手が何人いようと関係ない。ただし、売手にとっての評価値と、買手の評価値の分布には影響を受けることが見て取れる。

さて、買手の評価値の分布として、ここでは3つのケースを考えてみよう。ゼロから定価まで均等に分布している状況（一様分布、$F(x) = x$）、どちらかというと買手の評価値が定価よりに高い可能性が大きい状況（$F(x) = x^2$）、それとは逆に、買手の評価値がゼロよりに低い可能性が大きい状況（$F(x) = \sqrt{x}$）の三つである。これらのケースのそれぞれにおける最適な開始価格をプロットしたのが図3.5である。横軸が売手の評価値（v_0）、縦軸が開始価格（r）を示している。それぞれのケースについて、以下では詳しく見ていくことにしよう。

まずは買手の評価値が均等に分布している状況を見てみよう。他のケースと比べるために、とりあえずこの状況を「中評価」と呼ぶ。買手の評価値が一様で、高い方にも低い方にもかたよっていないからだ。「中評価」の状況における最適な開始価格は、図の中では直線で描かれている。たとえば、ゼロという留保価値（$v_0 = 0$）に対応する開始価格は0.5なので、このような場合には定価のちょうど半分を開始価格に設定すればよい。図を見れば分かるように、売手の留保価値が高くなるにつれて最適な開始価格もだんだん上がっていく。自分自身の留保価値が定価の半分（つまり0.5）の場合には、開始価格は定価の75パーセント（0.75）という具合だ。

次に、買手の評価値がそれなりに高いという可能性が大きい状況を見てみよう。人気商品やはやり物を出品する場合があてはまる。この状況は「高評価」と呼ぶことにしよう。予想どおりだが、図を見るとこのような状況では先ほどよりも開始価格を高くするべきだということが分かる。実際に、留保

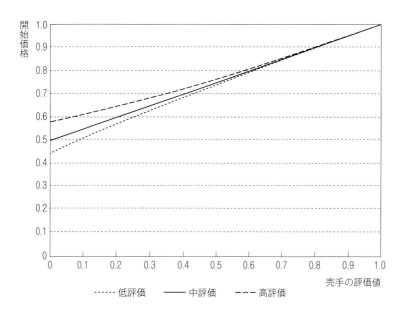

図3.5：売手の留保価値と最適な開始価格

価値ゼロに対応する最適な開始価格は0.57なので、まったく要らない商品を出品する時には定価のおよそ60パーセント弱に開始価格を設定すべし、ということになる。

最後に、評価値が低い可能性が大きい状況を見てみよう。あまり人気のない、マイナーな商品を出品する場合である。この状況を「低評価」と呼ぶことにする。先ほどとは正反対で、今度は開始価格を低くするべきであることが図から分かる。留保価値ゼロに対応する最適な開始価格は0.44、つまり定価の40パーセント強である。

では、定価3万9980円の新品のPS4本体を売りたい場合を例にとって具体的な開始価格を計算してみよう。あなたの留保価値をゼロとする（「前はゲームもよくしていたけど最近は全然やらないよなあ。要らないし、ヤフオクで売っちゃうか」）。商品の「人気度」をどう見るかで少し変わってくるもの

3章 いくらで出品するか？——開始価格のオークション理論—— 69

の、最適な開始価格は1万7000円から2万3000円ほど（定価の44〜57パーセント）と計算できる。あなた自身の留保価値が1万円（定価の25パーセント）だったら？　この時には2万4000円から2万6000円（定価の60〜66パーセント）の開始価格を付ければよい。そして留保価値が2万円（定価の50パーセント）の場合には、最適な開始価格は2万9000円から3万円（定価の74〜77パーセント）ということになる。

　もちろん、ここでの議論には理論的に大きな穴が開いている（買手はあなたの留保価値やあなたが想定した最も高い買手の評価値を知らないし、買手の人数も不明だ。あるいは、開始価格そのものがあなたの留保価値について何かしらの情報を買手に伝えてしまうかもしれない）。それでも開始価格をどう付ければ良いのかについて、何かしらの指針となってくれるものではあるだろう。

3章のポイント

- 実際の出品価格には3つのパターンがある：定価、売りたいと思う最低限の価格、1円。
- オークション理論では、開始価格は最適オークションの文脈で分析される。
- 開始価格を上げていくと、入札者が1人しかいない場合の落札額が高くなるメリットがあるが、その一方で落札されない確率が高まるデメリットもある。
- 1円オークションは最適オークションではない。
- 落札額を平均的に高めるという最適な開始価格は1円（あるいは売手の留保価値）よりも高い。
- 理論的には、最適な開始価格は買手の人数とは無関係。
- しかし、売手の選んだ開始価格が商品価値や買手の人数についての情報を何かしら反映している場合には、必ずしもそうとは限らない。

オークション理論からのアドバイス

- **自分にとっての留保価格を明確にしよう。（出品する商品の評価値は自分にとっていくらなのか？）**
- **そのうえで、最も高い買手の評価値を想定してから開始価格を設定しよう。**
- **個人出品であるならば、再出品のたびに開始価格を徐々に下げよう。**

column 2

ヤフオクの1日あたりの出品数と落札額は？

　ヤフオクにたくさんのユーザーが集まるのはお目当ての商品が数多く出品されているからだろう。売り物が少なければ買手にとっての魅力は乏しくなる。では実際のところ、ヤフオクにはどれくらいの商品が出品されているのだろう？
　1999年9月28日にYahoo!オークションが始まって以来、オークションの1日あたり開催数（常時出品数）が区切りの数値を突破するたびにヤフーはプレスリリースを発表してきた。それによると、サービス開始から2か月足らずで常時出品数は5万件を突破し、その翌月には常時出品数が倍

常時開催数の推移

常時開催数	日にち	前回からの日数
5万	1999年11月10日	
10万	1999年12月8日	28日
20万	2000年1月17日	40日
30万	2000年2月4日	18日
50万	2000年3月22日	47日
100万	2000年8月10日	141日
300万	2001年9月19日	405日
500万	2003年10月3日	744日
800万	2005年5月11日	585日
1000万	2006年4月22日	346日

（プレスリリースをもとに筆者作成）

になった。年が明けてからも常時出品数は順調に増えていき、1周年を翌月に控えた2000年8月10日にはついに100万件の大台を突破した。それでも現状と比べると100万というのはとてもささやかな数字に見える。2016年7月時点での常時出品数は4670万にも達しているのだ（「数字で見るヤフオク」）。

　出品数が増えれば落札される商品も増える。それにともなって落札額も増えていく。1999年11月のプレスリリースで1日あたり2600万円と報告されていた落札額が2014年9月には20億円（年間では7300億円）である。15年で70倍になった計算だ。年間の落札額が1兆円を超えるのもそう遠いことではないかもしれない。

4

さっさと売る

―― 即決価格のオークション理論 ――

4.1 即決価格とは

　ヤフオクの出品画面には開始価格のすぐ下に即決価格という項目がある。ヤフオクのヘルプページには即決価格がどんなものなのかについて以下のような説明がある[1]。

> 即決価格が設定されているオークションは、即決価格と［いますぐ落札］ボタンが表示されています。即決価格以上で入札すると、その時点で落札します。
> 即決価格が設定されていても、入札は現在の価格から行えます（入札者がいない場合）。オークション終了までに誰も即決価格以上で入札しなかった場合は、オークション終了時点の最高額入札者に、その時点の価格で落札されます。

---

[1] ヤフオク！ヘルプ（「即決価格とは」）http://www.yahoo-help.jp/app/answers/detail/（2014年11月28日閲覧）

即決価格を支払いさえすれば買手は商品をいますぐに落札できる。売手の立場からすると、出品した商品がこの価格で売れるなら万々歳だ（あるいは十分だ）と考えて設定する価格が即決価格だといえるだろう。出品した商品が即決価格よりも高く売れることはありえないからだ。即決価格は任意の項目なので、即決価格を設定するかどうかは出品者が自由に決められる。設定するための特別なオプション利用料もかからない（図4.1）[2]。

オンラインオークションでは米国ヤフーオークションが2000年に初めて即決価格（「Buy Now」という）を導入し、イーベイがそれに続いた（「Buy It Now」という）[3]。そして日本のヤフオクでは当初「希望落札価格」の名称で導入された。この価格を入札すると、ただちに商品を落札できる点は同じだが、ヤフオクとイーベイで採用されている即決価格の仕組みには大きな違いがある。

ヤフオクでは、出品者が設定した即決価格はオークションが終わるまで表示され続けているので、入札者は状況に応じていつでも即決オプションを行使できる。このような即決価格を**常設即決価格**（permanent buyout price）という。たとえば、開始価格1円のオークションに対して1万円の即決価格が設定されているとしよう。1円スタートなので商品を安く買えるかもしれないと期待してオークションに参加したのだが、思いのほかたくさんの入札があって価格が8000円にまで上昇してしまった。このままオークションを続け

2　2008年9月10日から「希望落札価格」「即買価格」に代わってYahoo!オークション（ヤフオク）に導入されたのが「即決価格」である。ただし、即決価格は以前の希望落札価格とまったく同じ仕組みのもので、単に名称が変わっただけだ。つまり、この時の変更点は即買価格が廃止されたことである。即買価格とはオークションを利用せず、開始価格＝希望落札価格として設定する仕組みのことで、設定するために20円のオプション使用料がかかった。即買価格を設定してオークションを行うのは商品を固定価格で販売することと同じである。現行のヤフオクでも固定価格販売は可能で、即決価格を開始価格と同じ金額に設定すればよい。この方法は無料である。

3　毎回著名人などから提供された商品や著名人と共演できる「権利」を一般人が競り落とす『ハンマープライス』という番組があった（1995年1月7日から1998年6月26日までフジテレビ系列で放送されていた）。番組開始当初は入札額の上限が20万円に定められていて、複数の入札が上限に達した場合にはじゃんけんで落札者を決めていた。入札の上限を定めているという点でこれも一種の即決価格といえる。

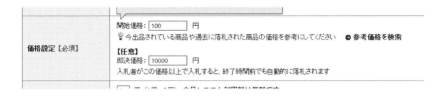

図4.1：任意項目の即決価格

ると入札競争に敗れて商品を落札できないかもしれない。「1万円なら一応まあ予算の範囲内だよなあ」そう考えた入札者がこの時点で即決オプションを行使すれば1万円で商品を購入できる。

　他方でイーベイが導入している即決価格は**一時的即決価格**（temporary buyout price）と呼ばれる。イーベイオークションでも買手は即決オプションを行使すれば、ただちに商品を購入できるのだが、それが可能なのは誰かが入札するまでの期間に限っての話である。つまり、誰かが即決価格よりも低い金額を入札した時点で即決価格はたちまち消え去ってしまい、参加者は通常のオークションによって落札を目指すしかなくなってしまう（即決価格よりも高い入札があればオークション自体が終わってしまう）。このタイプの即決価格が一時的といわれるゆえんである。即決価格が消えてしまったあとのオークションでは、結果的に落札額が即決価格よりも高くなってしまった！ということもありえる。無事に落札できたものの「こんなことなら最初から即決しておけばよかったよ」と後悔するかもしれないのだ。

　出品者が即決価格を設定するのにオプション利用料はかからないので、素朴に考えれば、とりあえず高めに即決価格を付けておいても出品者は別に損しないような気がする。たとえば、ナイキのスニーカーを出品するのに100万円の即決価格を付けたって誰もその金額を入札してはくれないだろうけれど、だからといって落札価格がかえって低くなると考える特別な理由もない。ではいったいどれくらいの出品者が即決価格を設定しているのだろう？　即決価格を導入して間もないころのイーベイでは、すべてのカテゴリを合わせ

て、全体の40パーセントから60パーセントのオークションに即決価格が付けられていた[4]。約半分のオークションが即決価格付きオークションということになる。また商品がそれらの即決価格で実際に落札されるケースも多い。たとえば、これもやはりイーベイでの調査結果だが、骨とう品、家具、中古家具などのカテゴリで2002年2月と3月に開かれたオークションのうち、即決価格付きのオークションのおよそ3分の1で即決オプションが行使された[5]。あるいは2001年1月29日と30日の2日間におけるPSP（ソニーの携帯型ゲーム機）本体のオークションを見てみると、全部で210件のオークションのうち、124件（59パーセント）に即決価格が設定されていて、そのうちの34件（27パーセント）が即決価格で落札されたのである[6]。なかなかの割合といえるだろう。

　ヤフオクでも即決価格の利用状況は似たような感じである。図4.2は2015年2月から6月までに「PS4本体」カテゴリで出品されたオークションにおいて、即決価格がどれくらい使われていたのかを示している。この期間中に出品されたオークションは全部で9233件あって、そのうちのおよそ半分が即決価格付きのオークションだった。ただし、ひと口に「即決価格付きのオークション」といっても、即決価格を開始価格よりも高く設定する場合と、開始価格と即決価格の金額を等しくするのとではだいぶ意味合いが違う。このデータでは、即決価格付きのオークションのおよそ4割が「即決価格＝開始価格」というタイプの戦略をとっていた[7]。このような価格設定のオークションでは、これ以外の金額で入札することが一切できない。つまり、このような販売形式は、オンラインオークションというプラットフォームを利用した固定価格販売（定価販売）なのである。ちなみに買手が商品を探す時には

4　Hof（2001），Mathews（2004）
5　Grebe et al.（2006）
6　Mathews（2004）
7　2015年2月14日から2015年6月2日までに新規に出品されたPS4本体のオークションを対象としている。ただし、データは出品IDベースで数えた延べ出品数なので、再出品を含む。また、1つの出品IDで複数個の商品を出品しているオークション（複数財オークション）を除く。

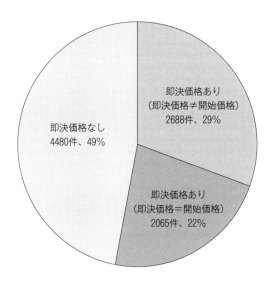

図4.2:「PS4本体」の即決価格利用状況

「オークション形式」「固定価格」のいずれかだけを選んで検索することもできる。

　実は、ヤフーはかつて固定価格販売をオンラインオークションとは別のプラットフォームへ誘導しようと試みたことがある。「『Yahoo!オークション』、『Yahoo!ショッピング』に次ぐ第3のECサイト」として2012年10月1日に登場したYahoo!バザールを使えば、ユーザーが商品を固定価格（のみ）で売ったり買ったりできたのだ[8]。ところが、このサービスは1年も続かずに2013年5月27日に終わってしまった。「想定より出品数が伸び悩んだため」だという。売手にとっては、すでに多くのユーザーが集まっているYahoo!オークションの方が魅力的だったのかもしれない。

8　ヤフー株式会社2012年9月12日プレスリリース

4.2 なぜ即決価格を設定するのか？

　先ほど少しふれたように、イーベイでもヤフオクでもおよそ半数のオークションで即決価格が設定されている。ではなぜそんなにも多くのオークションで即決価格が設定されるのだろう。前章までにも度々取り上げたケン・スティグリッツ『オークションの人間行動学』を見てみよう。即決価格（訳書では「即時落札価格」という言葉が充てられている）についてふれている部分は少ないが、この本によれば即決価格は主に3つの目的で使われているという。

　1つ目は、固定価格で販売するために即決価格を用いるというものだ。即決価格を開始価格よりもわずかに高く付ける、または開始価格と等しい即決価格を提示すればオークションというプラットフォームでも商品を固定価格で販売することができる。先ほど見たヤフオクの「PS4本体」オークションでは、全体の2割が固定価格販売だった（図4.2）。オンラインオークションには多くの買手が潜在的な顧客になるという利点はあるものの、落札価格が読めないというリスクもある。しかし、固定価格で売ることができるなら、そういったリスクを考える必要はなくなる。

　2つ目は、早期入札を促すために安すぎず高すぎずの即決価格を付けるというものだ。単に開始価格を低くしても買手がすぐに入札してくれるとは限らないが、中くらいの即決価格を付けておけば、ほかの誰かに即決価格で持っていかれるのを嫌った買手が「とりあえずの入札」を早めにしてくれるかもしれない。このような買手の心理をついたものだ。イーベイの採用した方式が一時的即決価格であるからこその戦略だといえるだろう。実際、イーベイのヘルプページには即決価格が早期の入札を促す仕組みであることを匂わすような回答がある[9]。ヤフオクの場合には入札があっても即決価格はオークションページに表示されたままなので、とりあえず入札しておかなければ、という動機を買手が持つことはない。

　3つ目は、即決価格と開始価格を両方とも高く設定することによって商品

価値をアピールするという使い方だ。買手が「この商品には価値がある！」と信じてくれればこの戦略にはうまみがある。

　いま見た3つ目の戦略は、即決価格のシグナリング効果を見込んだものと考えることができる（シグナリングについては3.5節を参照のこと）。開始価格のように、即決価格も商品の品質にかんする何かしらの情報を買手に伝えるという考え方だ。しかし、単なる経験的な印象なのだが、同種のブランド物の衣服が出品されている時に、即決価格を設定しているオークションでは落札価格が低く抑えられてしまう場合があるように感じる。即決価格を付けなければもっと高く売れただろうに、という意味だ。もし買手が「出品者が最高でも1万円と評価しているものでしょ。本当に1万円も出す価値があるのかなあ」と考えるのだとすれば、（割安な）即決価格を「商品価値の低さ」のシグナルとして買手が受け取ってしまっていることになる。これは（悪い）シグナルとしての即決価格の例だ。即決価格のシグナリング機能を理論的に分析した研究はまだないが、今後はこのような研究が出てくるかもしれない。

　スティグリッツのように難しく考えず、もっと単純に、即決価格を付けておくと儲かるから、と考えればいいんじゃないの？　経済学的にもそう考えたいのだが、これが実はなかなか難しいのだ。この難しさを理解するためには、モノを売るための仕組みとしてオークションがいかに優れているのかについて知っておく必要がある。

---

9 「最初の入札のあとになぜ即決価格オプションが消えたのですか？」という質問に対する回答は以下のとおり。「即決価格が設定されているオークションでは、あなたには入札の開始前にすぐに商品を購入できるチャンスがあります。しかし素早く行動しなければなりません。誰かが入札した後には即決価格オプションは消えてしまい、入札が終わるまでオークションが続きます。そして商品はもっとも高い入札をした入札者に落札されます。(Why did the Buy It Now option disappear after the first bid? — For auction-style listings with the Buy It Now option, you have the chance to purchase an item immediately, before bidding starts. But you have to act fast. After someone bids, the Buy It Now option disappears and bidding continues until the listing ends, with the item going to the highest bidder. Learn more about buying with the Buy It Now option.)
eBay help http://pages.ebay.com/help/buy/questions/buy-it-now.html（2014年11月30日閲覧）

自分が売りたいと思う商品にどれくらいの需要があるのかがよく分からないとしよう。こういう時に、適正な商品価格を設定するのはかなり難しい。設定した価格が高すぎたせいで、けっきょく商品が売れ残ってしまうかもしれない。売れ残りを避けるために安い価格を付ければもちろん商品は売れるだろうけれど、実はもっと高くても売れたことを知って後悔するはめになるかもしれない。この種の困難があるだろうと想像することは、何も企業のマーケティング担当者じゃなくてもできる。

　実は、商品をオークションにかけることで、いずれの事態も避けられるのである。オークションでは、考えられる中で一番高い価格で売れるからだ。いってみれば、売手が自分で売値を決めるよりも、オークションを通じて「買手が買値を決める」方が効率的に、しかも高く売れるのである。ヤフオクでたくさんの商品が売られているのも納得できるというものだろう。

　さて、このようなオークションの素晴らしさを理解したところで、話を即決価格に戻そう。こんな疑問が沸きあがってくるのではないだろうか。できるだけ高い価格で売れることがオークションの利点なのだとすれば、なぜわざわざ価格に上限を設けるのだろう？　あまりにも高い即決価格だったらそもそも即決されないので意味をなさないし、即決オプションが行使された時というのは、即決価格を付けなければ落札価格はもっと高くなった可能性があるのでは？　即決価格の利点はいったいどこにあるのだろう。

4.3　即決価格が落札価格を高める時——即決価格のオークション理論——

　こんな場面を想像してみよう。オークション会場に集まっている人たちの中からランダムに1人の買手が選ばれて即決価格が提示される。さて、幸運にもその1人に選ばれたあなたはその価格で商品を購入できる権利を得たとしよう。あなたはこの即決価格を入札してただちに商品を購入することもできるし、権利を放棄してこのあとのオークションに参加することもできる。あなたならどちらを選びますか？

　オークション理論が想定するほどにあなたが賢ければ、このあとのオーク

ションに参加した場合にどのくらいの確率で商品を落札できるのか、そしてその時の落札額がいくらになるのかを計算するだろう。他方で、即決オプションを行使すれば即決価格で商品をただちに購入できる。つまり、その2つを比べて即決価格が十分に割安であれば、即決価格で商品を購入するのが得策であるということになる。

話は変わって、あなたが出品者の立場だったらどのような即決価格を設定するだろうか。もし即決価格が買手に受け入れられなければ、流れはそのままオークションに進んで商品が落札されることになる。この時の収入の期待値は、商品の落札価格とその価格で落札される確率をかけあわせた金額として計算できる。せっかくなら普通にオークションを行って見込める期待収入よりも高い金額を即決価格に選びたいところだ。

ここから何が分かるだろう？　分かるのは買手が得をすればその分だけ売手は損するということだ。買手が「割安」と感じる即決価格は売手に損をさせる。売手はそんな即決価格をわざわざ付けないだろう。いいかえれば、即決価格によって売手が儲かる時というのは、売手が割高な即決価格を設定して、なおかつ即決オプションが行使される場合ということになる。でもちょっと待てよ、高すぎる即決価格に対して即決オプションが行使されることなんてあるのだろうか？　ある、というのがオークション理論による答えだ。

米国ヤフーとイーベイが即決価格を導入してすぐの時期に発表されたオンラインオークションの調査研究の中で、ラッキング=ライリーという経済学者が即決価格を話題にしている。ラッキング=ライリーは即決価格の便益を時間の節約であると見ていて、即決価格が「早期終了をもたらすことで売手と買手にメリットを与える」と述べている[10]。彼の観察によれば、売手は即決価格をかなり高く設定する傾向があるが、それでもそれらの高い即決価格で商品が頻繁に落札されるという。論文では、競上げ式オークションにおける最適な即決価格を求めることは理論的に興味深い問題であるとも述べられている。

10　Lucking-Reiley（2000, p. 245）

即決価格についての最も重要な理論研究は、2001年に2人の経済学者が『エコノミクス・レター』誌に発表した論文だ。それ以降、即決価格についての研究が続いて、どういう時に即決価格が出品者のメリットになるのか（つまり落札価格を高くできるのか）について経済学者はいくつかの説明を提案している。以下では経済学者が提案したこれらの説明の内容について詳しく見ていこう。

本節では即決価格を付けるとなぜ落札価格が上がるのか、という疑問に対するオークション理論による答えを3つ紹介しよう。最初の2つは伝統的な経済学の枠組みによるもので、最後の1つは行動経済学という比較的新しい枠組みによる説明である。

「保険」としての即決価格

高めに設定された即決価格で商品が落札されるケースの1つ目は、買手がリスク回避的な場合である（リスクに対する態度については、2.7節を参照のこと）。リスク回避的な買手が割高な即決価格で商品を落札する理由は大きく2つある。1つ目は、リスク回避的な買手がオークションで負けることを過大評価することである。負けを避けるために多少高い価格であっても確実に商品を手に入れることを彼らは好むのである。2つ目の理由は、オークションが二位価格や競上げ式である場合に生じる。これらのオークションでは買手が落札額を自分でコントロールすることはできない。自分の次に高い入札額が落札額となるため、オークションが終わってみないと実際の落札額は分からないのだ。リスク回避的な買手は、落札額についてのこの不確実性を嫌がるのである。そのため割高であっても確定している即決価格で商品を落札したいと考える。これらの理由によって、リスク回避的な買手が相手ならば、高めの即決価格を提示することで売手は収入を増やすことができるのである。

経済学的にいえば、即決価格は買手に対して「保険」を提供することに等しい（買えないという事態を回避、価格変動を回避）。買手が売手に支払うプレミアムはいわば「保険料」である。海外旅行中に万一のことがあったら

どうしよう、と不安に思う人ほど高額の保険に入るのと同じで、よりリスク回避的な買手ほど高い即決価格であってもオプションを行使して確実に商品を手に入れようとする。つまり、なんとしても商品を手に入れたいと思っている買手を相手にすれば、売手は高い即決価格を付けてより儲けられるというわけだ。直感的に理解できる話だろう。たとえばエラー硬貨（穴がずれている50円玉）などのレアな商品や限定モノ、一点ものを出品する時には、ちょっと高すぎるかな？　と自分でも思うくらいの即決価格を付けてみるのがよいのかもしれない。リスク回避的な誰かが即決してくれる可能性がある。他方でリスク中立的な買手は「保険」に魅力を感じないので割高な即決価格で商品を落札しようとは思わない[11]。

せっかちな人に高く売る

　ヤフオクの開催期間はまちまちで、最も長いもので1週間ほどである。純粋にオークションへ参加することを楽しんで、自分が入札した商品が無事に落札できるかどうかを最後の瞬間までどきどきしながら見守っているのが好き、というオークションファンもいるだろうけれど、すべての参加者がそういう買手ばかりというわけではない。ゲームやコミックを一刻も早く手に入れたいとか、友だちの誕生日プレゼントをヤフオクで探していてどうしても誕生日に間に合うように落札したいとか、いろんな理由でオークションを早く終わらせたいと考える買手もいる。少しでも早く商品を手にしたいと思っている買手は割高な即決価格で商品を落札してくれるので、売手は即決価格を提示することで収入を増やすことができる。まさに時は金なり、である。実のところ、この考え方はオークション研究の中でもいち早く登場していたものだ。

11　買手ではなく売手がリスク回避的な場合はどうだろう。つまり出品した商品が売れなかったり、売れたとしても落札額が変動したりすることを嫌がる売手である。このような売手はリスク中立的な買手に対して割安な即決価格を提示するインセンティブを持つ。もちろん平均的な落札額は下がってしまうのだが、価格変動のリスクを避けられるので売手の満足感（経済学では「効用」という）は上昇する。リスク中立的か回避的かによらず、即決価格は売手にとってまことにありがたいオプションである。

ところで割高の度合については、早く落札できることに対して買手がどのくらいの価値を置いているのかによって変わってくる。できるだけ早く落札したい「せっかちな」人ほど、高い即決価格を受け入れる。つまり、買手のせっかち度が高いほど、即決価格による売手の収入は平均的に増えるということになる。経済学ではせっかちの度合のことを時間選好率あるいは割引率と呼ばれる指標で表現する（時間選好率については、4.7節を参照のこと）[12]。

割安感を演出する即決価格

上で見た2つの説明はいずれも買手の性質（リスク回避、時間選好）に注目して、なぜ割高な即決価格で商品が落札されるのかを考えたものだ。それに対して次に紹介する理論は買手の心理に注目しながら、即決価格が落札額を高める仕組みを説明する。この「**参照価格**（reference price）としての即決価格」理論は行動経済学という（近年流行りの）分野に属している。

標準的な経済学の理論は、オークションに参加する買手は落札価格に関心を持っていると想定している。落札価格が低ければ低いほど嬉しい、ということだ。参照価格理論でもそれは同じなのだが、落札価格そのものではなく「落札価格が参照価格からどれくらい離れているのか」にも買手が関心を抱いているとする点に特徴がある。落札価格と参照価格との差が小さいほど買手は嬉しくなる。

参照価格というのは、何かしら、買手が想定している落札価格のことである。誰でもたいていは、このくらいの金額で落札できるんじゃないかな？と予想しながら入札するのではないだろうか。何を基準にその予想を決めるのかはひとまずおくとして、ある買手の参照価格が1000円の場合と8000円の場合を考えてみよう。商品を1万円で落札した時、参照価格が1000円なら落

---

[12] 先ほどのリスク回避の時と同様に、買手ではなく売手がせっかちな場合を考えることもできる。一刻も早く商品を売ってお金を手にしたいと考えている売手である。このような売手は、オークションを早く終わらせるために多少の収入を犠牲にしてもよいと思うだろう。この時は即決価格を低く設定すれば目的を果たせる。つまり、収入は下がっても、売手の効用は高まることになる。（せっかちではない）買手にとって、この割安の即決価格は魅力的である。

札価格と参照価格の差は9000円、参照価格が8000円なら落札価格と参照価格の差は2000円である。参照価格理論によれば、参照価格を意識する買手にとっては前者（参照価格＝1000円）よりも後者（参照価格＝8000円）の方が望ましくなる。なぜなら、参照価格が1000円の買手は、
「１万円で落札か……。思ったよりも高かったなあ。」
と考えるのに対して、参照価格が8000円の買手は、
「１万円で落札か。思ったよりも安く手に入ってラッキー！」
と考えるからだ。参照価格に落札価格が引きずられるので、同じ１万円の落札でも嬉しさに差が生じてしまうのである。

　では、参照価格は何によって決まるのだろうか。買手も闇雲に落札価格を想定しているわけではない。「参照価格としての即決価格」理論は文字どおり、開始価格と即決価格を見ながら買手は参照価格を決めるのだ、と考える。具体的には、開始価格が高いほど、そして即決価格が高いほど、買手の参照価格は高くなる。

　さて、買手がこのように参照価格を決めるとすると、即決価格と落札価格との関係はどうなるだろうか。先ほど参照価格理論の内容を説明したように、買手は実際の落札価格と参照価格との差を重視する。参照価格が等しければ安く落札するほど嬉しい。見方を変えれば、参照価格が高いほど、買手はより高い落札価格を許容できる、ということになる。つまり、即決価格を高く設定することで買手の参照価格が上がるならば、それによって買手の入札額を引き上げることができるのである。即決価格によって、落札価格に割安感をもたらすことができるのだ。

　なぜ参照価格という考え方が出てきたのだろう？　実は、この理論を使うと非常にうまく説明できる実際の現象があるのだ。その現象とは、即決オプションが行使されない場合でも、即決価格さえ設定されていれば落札価格が高くなる、というものである。どうやら、即決価格が設定されていること自体が入札者の競争を激しくするらしいのだ[13]。その結果、落札価格が高くなる。買手にとって即決価格が参照価格となっていると考えれば、この現象はすんなりと理解できる。

議論の前提は、開始価格が高いほど、そして即決価格が高いほど、買手の心理的な基準となる参照価格が高くなることである。開始価格が上がるにつれて参照価格も上がってくるので、その分即決価格が割安に思えてくる。この議論によれば、開始価格が高いほど即決価格で落札される可能性も高くなるはずである。実際、イーベイに出品されたゲームソフトのデータでは理論と整合的な結果が観察されている。開始価格が5ドル以下のオークション（77件）と5ドル超え10ドル以下のオークション（129件）について即決価格が提示されていたのはそれぞれ44件と71件であり、即決価格で落札されたオークションの数はそれぞれ2件と11件だった[14]。参照価格という考え方を裏付ける結果といえよう[15]。

4.4 即決価格の効果を実験で確かめる

　前節では、割高にもかかわらず即決価格で商品が落札されるのはなぜなのかを説明する3つの理論について、内容を詳しく見てきた。どの理論にも説得力はあるのだが、生身の人間を相手にした時に即決価格が落札価格をどれくらい高めてくれるのかは、やはり知っておきたいところだ。経済学では、理論を検証するために2つの方法がよく用いられる。
　1つ目は、オンラインオークションにアクセスして個別のオークションのデータを細かく集めてきて、そのデータを分析するというやり方だ。この方法を用いた研究のことを**実証研究**（empirical research）という。もう1つは

---

[13] Dodonova and Khoroshilov（2004）, Popkowski Leszczyc et al.（2009）を参照のこと。ただし、これらの研究とは違って、即決価格があろうがなかろうが、買手の入札の仕方は変わらないことを示した実験研究もある（Shahriar and Wooders, 2011）。

[14] Mathews（2004, p. 38）による。データは2001年1月29日、30日にプレイステーション2のゲームソフトにおける「レーシング」「スポーツ」という2つのカテゴリに出品されたすべてのオークションを集計したもの。

[15] 「即決価格が参照価格になる」とするこの研究は、買手がたくさんいるほど売手は高い即決価格を付けておくほうが良いとも主張している。人間の心理に注目すれば、買手が多いほど「参照価格効果」を増幅させてより競争をあおれるから、と考えることもできるかもしれない。

実験研究（experimental research）で、被験者に売手や買手の役割を割り振って、オークション実験へ参加してもらう。被験者は結果に応じて報酬をもらえる。

　実証研究と実験研究では、メリットとデメリットがそれぞれ異なる。実証研究のメリットはなんといっても、生の環境から得たデータを使っているという点だ。買手は自分の評価値を本当にそのまま入札するのか？　即決価格を付けると実際に落札額が増えるのか？　こういった疑問の答えを実際のオークションの中で確かめられるのは魅力的だし、とても重要なことでもある。

　しかし、オークションの実証研究はとても難しい。現実世界のオークションでは経済学者に観察できない要素があまりにも多いからというのがその理由だ[16]。個々の買手の評価値は他人には不明だし、売手がそもそも落札額をできるだけ高くしたいと考えているかどうかさえよく分からない。

　実験は実証研究が抱えるこのような困難さを解決する良い手段である。売手や買手の評価値を実験者が設定できるし、入札時間や参加人数などをきちんとそろえることもできる。このように、実験者が環境をコントロールできるというのが実験研究の最大の利点である。他方で、実験と実際では人々の姿勢が変わってきてしまうとか、被験者に選ばれる人々に偏りがある（被験者の多くは大学生だ）とかいった問題点もある。それでも、ことオークションにかんしては、環境を整備できるという利点が重視されて、実験研究が非常に盛んである。以下では、即決価格の効果を検証した実験研究を 4 つ紹介しよう。

実験①──4 人の買手による入札競争──

　まずは米国のアリゾナ大学で行われた実験を紹介しよう[17]。この実験の目

---

[16] オークションに限らずゲーム理論の分野で得られた理論予測を実証的に示すのは一般的に難しい。オークションと直接は関係しないが、この点を説明したうえで「サッカーこそ実証研究に適した題材である」ことを証明している本として Ignatio Palacios-Huerta, *Beautiful Game Theory: How Soccer Can Help Economics* を挙げておこう。とても面白い本なのでそのうち邦訳が出ると思う。

的は、即決価格が実際に落札額を高めるのかどうかを検証することだ。6回に分けて行われた実験には、被験者としてアリゾナ大学の学生たちが集められた。実験では4人グループを2つ作って、学生たちはグループごとに即決価格なしの競上げ式オークションまたは即決価格ありの競上げ式オークションに30回ずつ参加することになった。学生はランダムにどちらかのグループへ割り振られたので、もし落札額に違いがあれば、それは即決価格の影響だと考えることができる。

即決価格なしの競上げ式オークションでは、価格が0ドルから始まって0.2秒ごとに0.05ドルずつ上がっていく。各買手は「降りる」ボタンをいつでも押すことができて、残っているのが1人の買手になった時点でオークションが終わる。即決価格ありの場合には、まずは4人の買手が即決価格（実験者によって8.10ドルに設定された）で落札するかどうかを同時に決める。「即決する」というオプションを誰も行使しなかったなら、即決ステージに続いていま説明した競上げ式オークションが始まる。もし、2人以上の買手が同時に即決オプションを行使した場合にはランダムで落札者が決まる。

実際のオンラインオークションだったら、出品されている商品に対する買手の評価値を知ることは不可能である。ところが、実験では「買手の評価値」を実験者が管理できる。これが最も大きな実験のメリットである。この実験では、買手の評価値は0ドル以上10ドル以下の範囲でランダムに選ばれた（つまり評価値はこの範囲で一様分布しているとみなせる）。被験者の取り分は自分の評価値から落札額を差し引いた金額である。貴重な時間を割いて実験に参加しているのだから、ここはなんとしても取り分を増やしたいところだろう。オークションの結果とは無関係に、彼らは最初に5ドルもらって実験に参加した。もしもオークションでまずく振る舞って手持ちがマイナスになってしまったら、即退場という決まりになっていたのだが、実際には「破産」して退場する羽目になった被験者は1人もいなかったようだ。実験

---

[17] Shahriar and Wooders（2011）による。彼らの研究では私的価値と共通価値の2つのオークション実験を行っているのだが、ここでは私的価値オークションのみを取り上げる。

者が設定した「8.10ドル」という即決価格は、買手が「ほどほど」のリスク回避度を持っていると想定した場合の最適な即決価格として選ばれた[18]。

では実験の結果を見てみよう。即決価格ありまたはなしのオークションについて、それぞれ180回のオークションが行われた（6セッション×30回）。まず、落札の平均額を比べると、8.10ドルの即決価格が設定されたオークションでは6.47ドルだったのに対して、即決価格がないオークションでは6.06ドルだった。つまり、即決価格を付けることで収入が7パーセントほど増えたということだ。この差は統計的に有意である。

さらに彼らは落札額について興味深い比較をしている。即決価格で落札された場合とそうではない場合に分けて即決価格の影響力を調べたのだ。ある評価値の買手が8.10ドルの即決価格で落札したとしよう。同じ評価値の買手が（もちろん別人だ）即決価格なしのオークションで入札した金額はどのくらいなのだろう？　比較可能な36件の即決価格なしオークションの結果を見ると、落札の平均額は7.54ドルだった。即決オプションが行使された場合の収入はもちろん8.10ドルなので、即決価格は売手の収入を12パーセント増やしたことになる。

では、即決オプションが行使されなかった場合はどうだろう？　この場合について両方のオークションでの落札額を比べると、両者にはほとんど差がないということが分かった。つまり、いったん即決価格を蹴ってしまうと、買手はあたかも最初から即決価格などなかったかのように入札するということである。即決されてこその即決価格ということだ。

実験②――イーベイ型 vs. ヤフオク型――

欧米ではオンラインオークションといえば、もちろんイーベイ！という感

18　買手の評価値が $[0,1]$ 区間で一様分布し、買手が $u(w)=(1-e^{-\alpha w})/\alpha$ で示されるような絶対的リスク回避度一定（constant absolute risk aversion; CARA）の効用関数を持つとする。$\alpha \geq 0$ はリスク回避度を表していて、この値が大きいほどリスク回避の度合いが強くなる。この時、リスク回避度が $\alpha = 1$ とすると、0.81（8.10ドル）の即決価格は売手の期待収入を最も高くする。また、0.86（8.60ドル）以上の即決価格に対しては理論上、即決オプションが行使されない。

じなので、即決価格の研究で扱われるのも自然とイーベイ型の一時的即決価格が主流をしめる。そんな中で、ヤフオク型の常設即決価格とイーベイ型の一時的即決価格を比較した実験研究がある[19]。2005年5月から2009年10月にかけて米国のウェスタン・ワシントン大学で行われたこの実験には、経済学コースを受講している学生48人が被験者として集められた。

この実験でも被験者は買手として競上げ式オークションに参加することになった。買手の評価値は0以上100以下の中からランダムに決められて、実験を通じてこの評価値が変わらないという点も実験①と同じである。

ただし先ほど見た実験①との大きな違いが3点ある。まず、今回の実験では4人ではなく2人1組で買手として入札競争をしたということだ。次に、1つではなく、75（高い）、50（中くらい）、25（低い）という3種類の即決価格が実験者によって提示されたという点である。これによって即決価格の有無だけではなく、即決価格の違いによる影響も分析することが可能になる。そして最後の違いは、どの被験者も即決価格なしのオークションとありのオークションの両方に参加した点である。被験者は最初に10回の即決価格なしの競上げ式オークションで入札競争をして、その後に今度は即決価格ありのオークションに30回参加することになった。後半の30回はそれぞれ10回ずつに分かれていて、先ほど説明した低中高の即決価格がそれぞれ提示された。各オークションでの入札時間は60秒である。

では実験の結果を見てみよう。即決価格を設定しなかった40回のオークションでの平均落札額は25.0だった。即決価格を提示することで落札額を高めることができるだろうか？　まず、イーベイ型でもヤフオク型でも25という即決価格は落札額を下げてしまうことになった。この即決価格が低すぎるのだろう。

---

[19] Durham et al.（2013）による。この研究では即決価格のスタイルだけでなく、代理入札システムが落札額にどのように影響を与えているのかまで分析している。つまり「即決価格なし・イーベイ型・ヤフオク型」のそれぞれについて「代理入札あり・なし」を考えているので、全部で6通りの比較をしていることになる。イーベイもヤフオクも代理入札システムを採用しているので、ここでは代理入札ありについての結果を取り上げる。

次に、それ以外の中くらいと高い即決価格（50と75）に注目して、イーベイ型とヤフオク型の結果を見比べてみよう。イーベイ型でもヤフオク型でも、この2つの即決価格は落札価格を高めているように見える。回帰分析の結果からは実際に、ヤフオク型の即決価格が落札価格を27パーセントほど有意に高めることが確認できる。その一方で、イーベイ型の即決価格による落札額への影響（33パーセントの増加）は有意ではなかった。つまり、イーベイ型の即決価格を設定すると増加額が増えることもあれば減ることもあって、即決効果に収入を増やす効果があるとはいい切れないということだ。

また、イーベイ型とヤフオク型の落札額をそのまま見比べるとイーベイ型の方がわずかばかり高いように見えるが、統計的には差がないという結果になった。どちらの即決価格も効果は同じということだ。

この実験で著者たちは、イーベイ型よりもヤフオク型の方で少しだけ即決オプションが行使されやすいことも発見している。ここには人間の心理的な作用があるのかもしれない。目の前でだんだんと価格が競り上がっていって、その価格が即決価格に近づくにつれて「やばい！　買わなきゃ」と思うようになるというのは想像できることだ[20]。

実験③――即決価格を設定する――

上で紹介した2つの実験では被験者は買手としてオークションに参加したので、売手がどのように即決価格を決めるのかについては何も分からない。そこで次に、被験者が売手として即決価格を決められるという実験を紹介しよう[21]。

ドイツのフンボルト大学で行われた実験では90人の学生が3人1組となってオークションに参加した。このオークションは2段階になっていて、まず

20　この研究はこれ以外にも、即決価格があると序盤で入札が起きやすくなることや、即決価格によってオークションの効率性が高まることを発見している。特に、代理入札システムを採用した一時的即決価格付きのオークション（イーベイがこのケースに該当する）では早期入札が著しく増加するという。これはイーベイの目論見どおりといえるだろう。

21　Ivanova-Stenzel and Kröger（2008）

は売手が自分の決めた即決価格で商品を買わないかと「買手1」に対して持ちかける。買手1が売手の提案に乗れば話はそこで終わりである。買手1がこの即決価格で商品を買うというわけだ。一方、もし買手1が提案を蹴ると今度は買手1と買手2が二位価格オークションで商品を競ることになる。被験者はイーベイをなぞったこのオークションを32回行ったのだが、グループのメンバーは毎回ランダムに入れ替えられた。同じメンバーで何回もオークションを繰り返すと共謀などの可能性が出てきて実験結果を分析するのが難しくなってしまうからだ。

このオークションでも、買手の（買手1も買手2も）評価値は私的価値で0から100までの整数として設定された[22]。どの値も等しい確率で評価値になりうる。仮に売手も買手もリスク中立的だとすると、理論的には売手が50以上の高い即決価格を買手1に持ちかけ、買手1は提案に決して応じないはずである。この即決価格は買手にとっては高すぎるし、そうかといってこれよりも安い価格だと売手が損してしまうからだ。この時、売手と買手の期待利得はそれぞれ33と17と計算できる。

さて実験の結果はどうだったろうか。まずは売手が提案した即決価格について見てみよう。売手が提案した即決価格の平均は51だったので、この値だけを見ると理論の予測どおり（50以上100以下）に思える。しかし、個別の価格をよく見てみると提案のおよそ半分（51.6パーセント）は50未満の割安な即決価格だったのだ。理論予測のとおりであるとはあまりいえないかもしれない。

では次に買手の行動を見てみよう。買手1が売手の提案に応じるかどうかは、当然のことながら価格そのものだけじゃなくて自分の評価値にもよる。即決価格が安いほど、そして自分の評価値が高いほど、提案に応じることのメリットは大きくなる。理論予測とは違って買手の3人に1人は売手の提案を受け入れたのだが、その内訳をよく見てみると面白いことが分かる。先に述べたように、50以上の価格は理論上、高すぎて買手に受け入れられる余地

---

[22] ECU = experimental currency unit という仮想通貨が用いられた。もちろん実験が終わったあとには一定の比率で本物のお金と交換できる。

がないはずである。ところが現実にはこういった「割高な」提案の57パーセントが買手に受け入れられたのだ。そうかと思うと、50未満という「お買い得な」提案の18パーセントを買手は蹴ってもいる。実際のところ、理論に従って売手に対応した買手は全体のわずか8パーセントしかいなかったのだ！

いま見たように買手の行動は理論とはかけ離れたものだったが、これはひょっとしたら議論の前提が間違っているからなのかも知れない。つまり、実験に参加した被験者は売手も買手もリスク中立的ではなかった可能性がある。実際に、売手と買手がリスク回避的だと想定すると、実験結果が理論予測とそれなりに一致するようなリスク回避の度合いを計算することができたのだ。いいかえると、価格の変動リスクに対する買手の姿勢に注目した理論は即決価格の働きを理解するのに良さそうだといえるかもしれない。ただし、この実験結果では、売手の期待収入は当初の予測に近いという結果が出ている。つまり、即決価格を設定できたからといって売手は収入を増やせるわけではないということだ。このあたりのちぐはぐさについては論文でもあまり説明されていない。

実験④―人工フィールド実験―

たいていの実験者は、自分が調べたいことを明らかにするために実験を巧妙にデザインしたいと考える。そのためには外界から隔てられた実験室という環境が必要である。ところが、ひょっとしたら実験室という特殊な環境と人工的な実験デザインが実験の結果に影響を与えてしまっているかもしれない。本当のイーベイオークションだったら即決価格で早々に落札していたけれど、実験なら売手の提案を蹴ってもっと安く落札することに賭けてみよう、という被験者がいないとも限らない。そこで実際のイーベイを使って実験をしてみようと考えた経済学者たちがいる[23]。このような実験は**人工フィールド実験**（framed field experiment）と呼ばれている[24]。

被験者は、実験者によってあらかじめ用意されたイーベイのアカウントを

---

23 Grebe et al.（2006）
24 人工フィールド実験に対して実験室で行う実験を特に実験室実験と呼ぶこともある。

使ってオークションへと参加することになった。どのアカウントの売手も似たような取引履歴と評判を持つようにうまく作られているというのがポイントだ。売手は中古本（経済学かソフトウェアについての本）を出品し、買手はその中古本の「価値」を実験者から知らされたうえで入札に臨む。このオークションは実際のイーベイを用いて行われたので、実験とは無関係の買手がやってきて入札する可能性ももちろんある。しかし幸いなことに、実験の最中にこの商品を手に入れたいと考えた一般の人はいなかったようだ。ふつうの人があまり魅力を感じない商品をうまく選んだということだろう。この実験ではイーベイを利用した経験があり、なおかつ即決価格の仕組みをきちんと理解しているような経済学部の学生が被験者として集められた（それ以外の学部生も少しいた）。

　本物のオンラインオークションと実験室との違いを調べるのが目的なので、オークションのルール自体は先ほど紹介した実験③をそのまま用いることにした。つまり3人1組の被験者の1人が売手として即決価格を買手1に提案し、提案が拒否されたら2人の買手が入札競争をする。ただし今度は人工的な二位価格オークションではなく、本物のイーベイオークションである。もちろん3人はお互いに顔を合わせることもないし、そもそも取引相手が誰なのかも分からない。さらにオークションのつど、新たな3人を割り振ることでお互いの匿名性が保たれるようにした。

　実験結果はというと、実験室実験の結果とほとんど同じだった。理論が予測するよりも買手は即決価格の提案を受け入れる傾向がある。1つの可能性は実験③と同じく買手がリスク回避的であることだけれど、この点を考慮してもやはり即決価格は過剰に受け入れられた。買手は理論とは違った行動をとることがあるけれど、その逸脱の仕方には決まった傾向があるようだ。つまり、割高な即決価格で落札するのである。逆に、即決価格が割安なのに提案を蹴ってしまうという逸脱行動は見られなかった。買手は即決オプションを行使するのが大好きなようだ。

　他方で実験室実験とは異なる結果も見られた。過少入札がそれだ。買手が即決価格を拒否すればそのあとに通常のオークションが始まる。そこでの入

札額を実験室の内と外で比べてみると、イーベイを用いた実験では全体の65パーセントのオークションで入札額が13.5パーセントも低くなったのだ。実験室の方がのびのびと入札できるということなのだろうか。しかもこの過少入札はイーベイでの実際の取引経験の数と関係があるという。取引経験が10回以下の初心者は経験豊かな被験者よりも過少入札する傾向が強いのだ。他方で、即決価格をいくらにするのかについてはイーベイでの実際の取引経験はあまり関係ないようだった。

いま見たように、実験室とイーベイで行ったこれらの実験結果には共通点がある。買手は割高な即決価格でも頻繁に即決オプションを行使してしまうということと、即決価格が落札価格を高めるということだ。概して理論の予測と整合的である。ただし、前節でみたように、即決価格が落札価格を高める仕組みとして理論はいくつかの異なる説明を提案しているのだが、実験の結果からはどの説明がもっともらしいのかまでは十分に検証できていない。この点を明らかにするのが今後の実験研究の課題といえるだろう。

4.5 イーベイのデータを使った実証研究

先ほど述べたようにオークションの実証研究は難しいのだが、それでも経済学者はデータを集めてなんとか工夫しながら実証研究を行っている。ここではそんな実証研究を1つだけ紹介しておこう[25]。この研究が集めてきたのはイーベイに出品された Palm Vx PDA という携帯情報端末のオークションデータだ。2001年8月から9月にかけてのおよそひと月の間に1177件のデータが集められた。ただし、同一商品を大量に出品している業者のオークションと、最終的に落札されなかったオークションを除外したために、分析に利用されたのは722件のデータである。（一時的）即決価格が設定されていたオークションは212件（29パーセント）で、その中のおよそ4割強（91件）が即決価格で落札された。そして、彼らによれば、即決価格が設定されたオー

---

25 Anderson et al.（2008）

クションにおける落札額は、設定されていないオークションよりも2パーセントほど高くなるという。即決価格を付けるのは無料なので、わずかでも落札額を増やせるならば即決価格を付けておく意味があるだろう。

この研究で興味深い結果は、即決価格を設定したオークションでは、即決オプションが行使されなくても落札額が増えるというものだ。つまり、即決価格を設定すること自体が落札額を伸ばすのである。実際に彼らのデータでは即決価格で終了したオークションの落札額の平均（201.8ドル）と即決価格が拒否されたオークションの最終的な落札価格の平均（201.4ドル）との間にはほとんど差がない[26]。

また、即決オプションを行使するかどうかの買手の選択は、多くの場合に「正解」であったことも示されている。正解かどうかを判断する基準は、即決価格を拒否して通常のオークションが開始された場合に、結果として落札価格が即決価格を上回ったかどうかである。即決オプションが行使されなかったオークションの実に92パーセントで、落札価格が即決価格よりも低かった、つまり買手は割高な即決価格を蹴って安く商品を手に入れられたという結果だった。

彼らはほかにも興味深い結果を得ている。即決価格付きのオークションでは開始価格が高い（平均的には2倍ほども高い価格で商品が出品されている）。新品よりも中古品を出品する時に即決価格が付けられる傾向がある、新品に付けられる即決価格の方が高い傾向にある、評判の良い（フィードバック値が高い）売手ほど即決価格を用いる（そして買手にオプションが行使される）ことなどである。

4.6 即決価格にひそむ危険

オンラインオークションでは多くの売手が即決価格を設定してオークショ

---

[26] もっとも、落札額を高めるには単に即決価格を示しさえすればよいのではなく、やはり即決オプションが行使されることが重要なのだとする報告もある（Grebe et al., 2006）。

ンでモノを売ろうとすることを見てきた。そして、一見すると割高な即決価格で商品が落札される理由を理論的に説明し、それが実験研究や実証研究でもある程度確かめられることもいま見たとおりである。

しかし、即決価格を設定することには実は危険もいくつかある。オークション理論についての研究も危険を強調することはあまりないのだが、以下では3つの観点から即決価格にひそむ危険について述べておくことにしよう。

「間違った」即決価格の代償

どんな即決価格を設定しても必ず落札額（＝売手の収入）が増えるというわけではない。少しくらい割高な即決価格でもその価格で落札される可能性はあるだろう。けれども、高すぎる即決価格に対してオプションを行使する買手はまずいない。中古のPS4に100万円出す人はいないはずだ。しかし、高すぎる即決価格を付けてしまったとしても、そのせいで売り手がかえって損してしまうわけではない。即決オプションが買手に行使されなくても、即決価格を設定するために何かオプション利用料が要求されるわけではないからだ。

その一方で、低すぎる即決価格は実際に売手に損失をもたらす可能性がある。平均的に1万円程度で取引されている商品に500円の即決価格を設定すれば恐らくすぐに即決価格で商品は落札されるだろうけれど、どう考えてもその即決価格の設定が正解だったとは思えない。売手がよっぽどさっさとオークションを終わらせたかったのであれば話は別なのだが。

このように「間違った」即決価格は落札額をむしろ下げてしまうのだが、売手の損失はどの程度になるのだろうか？　ここでは『『保険』としての即決価格」理論（4.3節）に基づいてこの疑問について考えてみよう。図4.3はリスク回避的な2人の買手が参加する二位価格オークションにおいて、売手が即決価格付きの1円オークションで商品を売った時の平均収入を示している[27]。横軸が即決価格、縦軸が売手の平均収入である。ひと口にリスク回避的といってもその度合いは様々だろう。そこで図4.3ではリスク回避度の異なる3つの場合をそれぞれグラフに示している。この例ではリスク回避度は

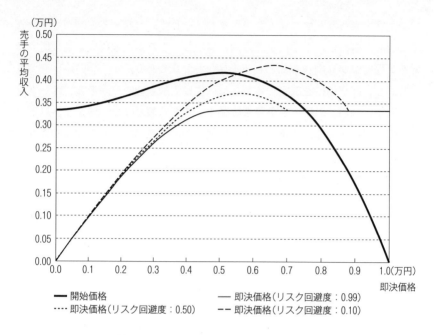

図4.3：即決価格と売手の平均収入の関係

0以上1未満で、値が小さいほどリスク回避的である。

買手の評価値を1円以上1万円以下であるとすると、1万円よりも高い即決価格で商品が落札されることは明らかにありえない。売手の平均収入を最も高くする即決価格は買手のリスク回避の度合いによって変わってくる。図の3つのケースの中で最もリスク回避的（リスク回避度＝0.10）な場合の最適な即決価格はおよそ6500円で、即決価格がそれよりも高くても低くても平

27　買手の評価値が独立な私的価値で0以上1以下の範囲に一様分布すると仮定している。また、買手はリスク回避的で、評価値マイナス支払額が x である時の効用が $u(x) = x^\alpha/\alpha$ で与えられる（このような効用関数は相対的リスク回避度一定（constant relative risk aversion; CRRA）であるといわれる）。この $\alpha(\leqq 1)$ の値は買手のリスク回避の度合いを示していて、値が小さくゼロに近いほどリスク回避の度合いが強くなる。

均収入は下がってしまう。ここで大事なのは、高い方向へ間違った即決価格にはそれほど害がないものの、低い方向へ間違うと害が大きいということだ。

参考までに、図4.3には即決価格なしオークションで開始価格を自分で選べる場合の、開始価格と平均収入の関係もプロットしてある。売手の平均収入を最も高くする開始価格は5000円である。そして開始価格がそれよりも高くても低くても平均収入が下がってしまうことは即決価格と同じだが、「低い方向に間違った開始価格」による被害は即決価格の場合よりも小さいことが図から見て取れる（ただし開始価格では高い方向に間違うとひどい目に遭う）。

少なくともここから分かるのは、落札額を高めるように即決価格を上手に設定するのは難しいかもしれないということだ。イーベイオークションのデータを用いて、評判の良い（ヤフオクでいう「非常に良い」「良い」などの評価が多い）売手ほど即決価格を設定する傾向が高いことを示した実証研究がある[28]。オンラインオークションではネガティブな評価がつくことはそれほど多くないので、この結果は「取引数が多い売手ほど即決価格を設定する」と解釈することもできるかもしれない。経験豊かな売手ほど「正しい即決価格」を見極めることができると考えられるから、この結果は納得のいくものである。

ここまでの話では即決価格あるいは開始価格か、だったのだが、収入をできるだけ高くするような「開始価格と即決価格の組合せ」はどのようなものか？ という疑問も当然湧いてくる。残念なことに、オークション理論はこの疑問の答えをまだ持っていない。今後の研究の成果を待つことになるだろう。

いたずらに注意！

即決価格を設定することのメリットの1つに、さっさとオークションを終わらせられることがあるというのはすでに何度か述べたとおりだ。ところが、

---

[28] Anderson et al.（2008）

このメリットがデメリットになることもある。
　ヤフオクに参加しているすべての買手が誠実なオンラインユーザーというわけではない。落札した商品を買う気などさらさらないのに、いたずらや嫌がらせ目的で入札する買手も少なからず存在する。そういった類の買手にとって、即決価格が設定されたオークションは良いターゲットになってしまうのだ。
　いたずらや嫌がらせで入札するといっても、オークションが終了するまでの途中経過ならはっきりいって害はない。最終的にまっとうな買手が落札してくれるなら、むしろ価格を競り上げてくれるというメリットすらあるかもしれない。それに、嫌がらせをする立場にとっても、それぞれのオークションが終わるまで、動向を常に気にしながらオークションへ密着しているわけではない。彼らは彼らなりに、できるだけ多くのオークションで嫌がらせをしたい、という目的を持ちながら合理的に行動をしているはずだ。その観点からすると、即決価格の設定されているオークションは格好のターゲットである。何せ、ずっとオークションの動向を気にしている必要はなく、見つける端から即決価格をどんどん入札していけば良いからだ。
　実際のヤフオクデータを見ると、一定の短い時間の中で同じ商品が何個も（あるいは何十個も）同じ買手に落札されていることがある（ユーザーIDは一部が非表示になっているので、本当に同一のIDかどうかは完全には分からないが）。それらはいたずら入札である可能性が高い。なぜそういい切れるかというと、そのようなオークションでは、終了した直後に取引がキャンセルされているからだ。オークションがキャンセルされると終了価格の表示が開始価格に変わる。2人以上の入札者がいるのに終了価格が開始価格と等しいということはありえないので、このようなオークションは、いったんオークションが終了したあとで取引がキャンセルされたのだと分かる。
　取引をキャンセルすることは売手にとって不本意であろう。再出品の手数料は無料でも出品の手間はかかるし、次に落札されるまでまた何日か待たなければならない。そして場合によっては、いたずら入札のせいでお金を支払わなければならないことすらある。

落札者がキャンセルした場合でも、売手が一定の手続きを行わない限りは落札システム利用料が発生する[29]。商売としてヤフオクを利用しているなら、このような手続きはこまめに行って無駄な落札システム利用料を負担することはないだろうが、個人的に出品している場合にはうっかりと手続きを忘れてしまうかもしれない。また、商売の場合でも商品点数が多ければ手続き漏れということもありうる。何より、たとえわずかでも、本来不要な手続きを行うのは面倒だし気分も良くないだろう。

　どんなオークションでもいたずら入札の可能性はあるものの、即決価格を設定した場合にはそのリスクが高くなるかもしれない。これは覚えておいても良いだろう。

非効率的な即決価格付きオークション

　商品をオークションにかけると最も高い評価値を持った買手が落札する。要は、オークションではその商品を本当にほしがっている人にきちんと売り渡すことができるということだ。このような結果は効率的といわれる。オークションという仕組みの大きな売りは「効率性」である（2.4節も参照のこと）。経済学者は効率性をとても重視する一方で、非効率的な方法を何よりも嫌うので「人気コンサートのチケットを購入できる権利者を抽選で決めます」と聞くと嫌そうな顔をする。

　オークション理論の研究の中には最適オークションと効率的なオークションの2つがあり、この2つが相いれない概念であることもすでに述べたとおりである（2.4節参照）。即決価格を設定したオークションは落札額を高めるのだが、その反面で効率性を犠牲にしている。即決価格付きオークションは実は非効率的なオークションなのである。評価値が1万円と8000円である2

---

[29] 落札者がキャンセルして取引ができなくなった場合でも、落札者が確定してしまうと、売手は落札システム利用料（落札額の8.64パーセント）を支払わなければならない。前月16日から今月15日までの1か月間に落札されたオークションでは、何もしなくても落札者が翌月1日に確定する。ヤフオクヘルプを参照のこと（ヤフオク！ヘルプ「落札システム利用料について」http://www.yahoo-help.jp/app/answers/detail/a_id/70071/p/353/related/1：最終閲覧日2016年6月20日）。

人の買手がいたとしよう。1円オークションでは1万円の買手が必ず商品を落札する。仮に5000円の即決価格が提示されていて、この2人の買手がどちらも即決オプションを行使すると、落札者はランダムに決まる。つまり、8000円の買手も50パーセントの確率で商品を落札できるのだ。この結果は非効率である。

　もちろん即決価格がもっと高ければ（たとえば9000円）、オプションが行使されるかどうかにかかわらず1万円の買手が落札することになる。この結果は効率的である。即決価格が高いほど、オプションが行使される可能性も減って、効率的な結果に落ち着く可能性は高まる。その意味で、即決価格で落札されることと結果の効率性の間にはトレードオフがあるのだ。もっともこれは別に売手にとっての危険というわけではないが。

4.7 補論〈時間選好率〉

　こんな場面を想像してほしい。親切な人がやって来て、何もいわずあなたに現金で100万円をプレゼントしてくれるという。本当に？　もちろん本当だ。ただし100万円を手にできるのは今から10年後のことだけれど。どうだろう。なあんだ、と思った人も多いのではないだろうか。100万円をもらえるとしても、いますぐにもらうのと10年後にもらうのでは嬉しさに違いがある。たいていの人は、どうせ100万円を手に入れるのだったら早ければ早いほど嬉しいと感じるだろう。いまこの瞬間にもらえる100万円には欠けることなく100万円の価値があるけれど、将来の100万円は100万円よりも少ない価値しかない。時間自体に価値がある、これが時間選好の基本的な考え方だ。

　ただし、時間の価値は人それぞれである。10年間が長いと感じる人もいれば、10年間なんてあっという間だという人もいるだろう。このような時間に対する態度の違いは時間選好率によって測られる。

　高い時間選好率を持っている人は同じ時間でも長く感じるので、10年後というのは永遠のかなたに等しい。だから10年後の100万円なんてほとんど価値がないように思えてしまって、さっきの100万円チャンスもあまり嬉しく

思えない。つまり、時間選好率の高い人とはせっかちな人のことである。逆に、低い時間選好率を持っている人は10年先もそれほど先のことではないと思える。こういう人は10年後の100万円を素直に喜ぶに違いない。現在の100万円と価値がさほど変わらないからだ。つまり、時間選好率の低い人とは忍耐強い人のことである。

　この例のように10年という比較的長い期間ならいざ知らず、オンラインオークションが開催されている期間は長くてせいぜい１週間である。たとえば、イーベイを調べた実証研究によれば、オークションの出品期間は平均で７日間であり、即決オプションが行使されたタイミングはオークションの開始から4.1日経ってからということだった[30]。つまり買手は即決オプションによって日数を2.9日（41.4パーセント）短縮できた計算になる。この研究の中で著者は「アート・骨とう品・収集品のオークションで通常、発送に数日かかることを考えると（……）仮にあったとしても時間選好は弱い役割しか果たさない」と指摘しているが、本当にそうだろうか。実際にヤフオクに参加してみると、オークションが終わるのを待ちきれない！という気持ちになることはある。落札した後にかかる日数なんて考慮の外だ。オークションの最中に時間選好が顔を出すことはありえるのではないだろうか。

---

[30] Anderson et al.（2008）

4章のポイント

- 落札価格がいくらになるのか分からないという不確実性を嫌う買手に対して、即決価格は「保険」を提供するという役割を持つ。
- あらかじめ決められている終了時刻にオークションが終わるのを待っていられないせっかちな買手は、即時に落札できるという即決価格オプションに価値を見出す。
- 開始価格と即決価格が買手にとって何かしらの参照価格になっている場合、即決価格が割安感を演出する。
- これらの場合には、割高な即決価格でも買手はオプションを行使する。
- 即決価格付きオークションは「効率的なオークション」ではない。

オークション理論からのアドバイス

- オークションを早く終えたい時には即決価格を設定しよう。
- それ以外の時にむやみに設定するのは避けよう。
- 即決価格は気持ち高めに設定しよう。
- 長い出品期間とセットで活用しよう。

column 3

実験は良いアルバイト？

　本文の中で、即決価格の効果を検証するための実験をいくつか紹介した。大学で実施される実験に参加する被験者の多くは大学生で、彼らは「被験者募集！」と書かれた張り紙やチラシをキャンパス内で見て応募してくる。

　実験に参加すれば参加報酬がもらえる。たとえば、本文でふれた実験②の場合では、１人当たりの報酬は平均すれば2300円程度（22.23ドル）だったようだ。「平均すれば」というのは参加者によって支払われた報酬が違うからである。実験の中でどれだけ巧く入札したのかによって報酬が左右されるのだ。このような「成功報酬」があるからこそ、被験者はできるだけ合理的に考えて入札しようという気になるのである。

　実験に参加した被験者はまず、これから行われるオークションの概要について説明を受ける。ガイダンスが終わると今度は何回か練習を行う。この練習の結果は報酬には反映されない。そして練習が終わるとようやく本番のオークションが始まる。ここからが稼ぎ時だ。腕の見せどころである。実験②では各人40回のオークションで入札したので、本番にかかった時間は１時間弱といったところだろう（オークション１回の所要時間は60秒）。実験によっては、セッションの後でリスクに対する自分の態度を測るためのアンケートに答えることもあって、それが終わればようやく報酬を手にすることができる。

　このようにいろんなことをこなしてこの「バイト料」というのは、たぶんみなさんが想像しているよりもだいぶ安いのではないだろうか。実験に参加するというのは常にかつかつ状態の学生にとっても別に割の良いバイトというわけでは全然ないのだ。

5

オークションはいつ終わる？

——自動延長のオークション理論——

5.1 オークションはいつ終わるのか？

　ヤフオクなどのオンラインオークションはオークションの開催期間にかんしても伝統的なオークションと異なっている。伝統的なオークションでは、オークション開催の当日に先立って出品物の展示期間が設けられていることがある。この期間に会場を訪れると商品の実物を目にすることができるのだ。高価な美術品を手に入れるつもりならば、出品物の状態を自分の目でしっかりと確認しておくというのはとても大事なことだろう。ただし、実際に入札するのはオークションの当日だけなので、それぞれのオークションの開催期間はとても短いといえる。お目当ての美術品は短ければ30秒足らず、長くても数分の間に価格が決まって落札されていくことになる。何百万円もする絵画がそんな短時間で落札されていくのはなかなかスリリングである。

　それに比べるとヤフオクの開催期間は長い。およそ１日から７日の間で、出品者は出品期間をかなり自由に自分で決められる。開催期間の最短は12時間である（午前０時ちょうどから11時59分の間に出品する場合には13時間が最短）。

ところで、出品者によってあらかじめ決められた出品期間は変動することがある。理由は2つあって、まずは出品者がオークションの終了予定日よりも前にオークションを終わらせてしまうことがあるからだ。ヤフオクであれば出品する時に「早期終了あり」のオプションを選択しておけばいつでもオークションを終わらせることができる。デフォルトの設定が「早期終了あり」なので、ほとんどの出品者は「早期終了あり」を選択しているのではないだろうか。オークションを早期終了した場合には、その時点での最高入札者が現在価格で商品を落札することになる[1]。

　そしてもう1つの理由が「自動延長あり」オークションである。「自動延長あり」のオプションが利用されているオークションで終了間際に入札があった場合には、出品者があらかじめ指定した日時を超えてオークションが行われることになる。つまりオークションの開催期間が延びるのである。詳しく見てみよう。

　ヤフオクでは出品者が「**自動延長あり（soft close）**」「**自動延長なし（hard close）**」を出品時に選ぶことができる。出品者が「自動延長なし」を選ぶと、あらかじめ決めた日時、たとえば、1月19日21時16分にオークションが終了する。それに対して「自動延長あり」を選んだ場合には必ずしも1月19日21時16分にオークションが終了するとは限らない。オークションの終了まで5分を切った後に現在価格を上昇させるような入札があると、自動的にオークションの開催時間が5分間伸びるのである。たとえば、もともとの終了時刻の2分前である21時14分に入札があって現在価格が上がった場合には、終了時刻は21時16分から21時21分へと更新される。この延長は何度でも起こるので、場合によっては1時間も2時間もオークションの開催期間が伸びること

---

[1] 2013年11月27日の仕様変更によって、入札者がいる場合にのみ出品者はオークションを早期終了できるようになったが、それ以前には入札者がいない場合でも早期終了が可能だった。誰も入札していないオークションを早期に終了するのは単に出品を取り下げることと同じことである。オークション画面にも「早期終了あり」と表示されるので、買手にも自分が関心を持っているオークションが早期終了のオプションを持っているかどうかが分かる。そのため、早期終了のオプションは早期入札を促す働きがあるのかもしれない。

もある。ただし、終了前の5分間に入札があっても、それによって現在価格が上がらなかった場合には終了時刻は延長しない。

入札の締め切りが伸びるという自動延長ありオークションにはやや違和感を持つかもしれないが、この仕組みはある意味で伝統的なオークションハウスで行われている（英国式）オークションを模した仕組みといえる。それらのオークションではより高い入札額を提示する買手がいなくなるまで価格が上がっていくので、オークションがいつ終わるのかがあらかじめ決まっているわけではない。原理的には無限にオークションが続くこともありえる（実際にはそんなことはないけれど）。その意味では、自動延長なしのオークションの方がオンラインに特有のオークション形式だといえる。ちなみにヤフオクでは自動延長の有無を出品者が選択できるが、イーベイにはこのようなオプションはない。イーベイのオークションはすべて自動延長なしのオークションである。

ヤフオクがサービスを開始した当初は、「自動延長なし」が初期設定だったので、自動延長なしオークションもそれなりにあった。それでも、「自動延長あり」を選ぶというオプションは無料だったので、多くの売手は自動延長ありを選んでいたように思える。たとえば、2008年のDS本体のオークションでは、自動延長ありオークションが211件（80パーセント）だったのに対して、自動延長なしはわずかに53件（20パーセント）だった。2011年でも同様に、自動延長ありが224件（91パーセント）で、自動延長なしが21件（9パーセント）だった[2]。その後、初期設定が自動延長ありに変わってからは自動延長なしオークションはほとんど見当たらなくなってしまった。

2003年に米国ヤフーオークションで自動延長を分析した研究では、自動延長なしのオークションが選ばれた割合はもっとずっと高い[3]。PS2カテゴリに出品された761件のオークションにおいて自動延長ありが251件（33パーセント）だったのに対して自動延長なしは510件（67パーセント）だった。この理由の1つとして、米国では何といってもイーベイが主流のオンラインオー

---

2 Tsuchihashi（2012）
3 Onur and Tomak（2006）

クションであり、そのイーベイが自動延長なしを採用していることが考えられる。

5.2 狙い撃ちされる8の理由

ヤフオクではほとんどのオークションが「自動延長あり」を設定していることにはすでにふれたが、自動延長をありに設定すべき理由は何かあるのだろうか。その点を考えるために、まずはオンラインオークションでよく見られる「狙い撃ち」という入札行動について述べておこう。

先に述べたようにオンラインオークションの開催期間は長い。しかしその長い開催期間の序盤では入札はあまり多くなく、オークションの開催期間の後半に入札がどっとなされることがしばしばある。この「遅い入札」の中でも特に極端なものは、オークション終了間際の5分間とか1分間とかになされ、このような時間帯に入札が集中することもある。このような終了間際の入札を**狙い撃ち（スナイピング）**（sniping）という[4]。

狙い撃ちはネットオークションに特有の入札行動なのだが、買手はなぜ狙い撃ちするのだろうか。2章で説明したように、イーベイやヤフオクのような二位価格オークションにおいて、買手の評価値が私的価値であれば、買手は自分の評価値をそのまま入札することが最適な入札戦略になる。これは入札のタイミングとは無関係なので、代理入札の仕組みを備えているオンラインオークションならば、開催期間のどの時点で入札しても結果は変わらないはずである。ロスとオッケンフェルズという2人の経済学者は「なぜ狙い撃ちが起きるのか？」を調べ、狙い撃ちをもたらす要因を「戦略的」「非戦略的」の2つに分けたうえで要因を8個も挙げている[5]。

彼らが挙げた非戦略的な要因は5つある。1つ目は、入札しようかどうかを最後の最後まで迷い続けるような優柔不断な買手が存在するということである。もっとも、最後まで入札を迷っているのは買手が優柔不断なためでは

---

4 ヤフオク解説本では秒札と呼ばれることがある（Studio ノマド、2013、p. 150）。
5 Roth and Ockenfels（2002, p. 1096）

なくて、同じ商品（あるいは類似商品）を出品している他のオークションとぎりぎりまで価格を比較しているから、ということも考えられるだろう。同じ商品が別のオークションで同時に売られているということはオンラインオークションにはありがちである。

　2つ目は、イーベイでは終了までの時間が短い順にオークションが表示されるので、結果として終了時刻の直前に入札が行われやすいというものだ。ヤフオクでも終了までの時間が短い順にオークションを並び替えて表示することができる。3番目の要因は、代理入札の仕組みを理解していない買手の存在である。自分が払っても良いと思っている金額を入札しても現在価格は二位価格（＝2番目に高い入札額）なのだが、自分の入札額がそのまま現在価格になると勘違いしている買手は確かにいるだろう。このような買手は終了間際の現在価格に合わせて入札すれば安く落札できると考えるかもしれない。要は、オンラインオークションを一位価格オークションと（間違えて）理解しているのである。

　4番目にロスたちが挙げたのは、「授かり物効果」である。これは、自分が一度手に入れた物に対する価値を高く評価するという現象をいう。たとえば、金額がほとんど同じであるボールペンとノートをランダムに被験者へ配ったあとで「ボールペンとノートを交換しませんか？」とお互いに訊くという実験を行ってみると、交換に応じる割合は50パーセントよりもだいぶ低くなる。いったん手に入れたボールペンなりノートなりを手放すことを嫌がるのである。オークションの出品物は買手にとってまだ自分の物ではないのだが、出品されているのをずっと見ながら自分で手に入れた姿を想像している内に愛着が湧いてしまうのかも知れない。愛着が湧くほど評価値が高くなるので終盤に高い入札をすることになる。

　最後の5番目は、入札額をさらすのを嫌がった買手が、残り時間がわずかとなってから入札する、というものである。ただし、入札額そのものが何かしら意味のある情報を含んでいる場合には、この最後の要因は戦略的であるともいえる。この点についてはあとで述べる。

　他方で、ロスとオッケンフェルズは戦略的な要因を3つ挙げた。順番に見

5章　オークションはいつ終わる？——自動延長のオークション理論——

ていこう。まず、「漸増入札」への対策として狙い撃ちは有効であるというものだ。オンラインオークションにはたくさんの買手が参加しているので、中にはオークションのルールに不慣れな初心者の買手もたくさん混じっている。このようなオンラインオークション初心者は、オンラインオークションが二位価格オークションであることをきちんと理解していないせいで、自分の評価値よりも低い金額を入札するのかもしれない（これは一位価格オークションでは適切な戦略である）。そして、誰かが自分の入札額を上回る金額で入札した場合に、自分もそれを上回る金額で再入札する、という漸増入札戦略を用いるわけだ。

このような漸増入札戦略に対しては、狙い撃ちが有効な対抗策になる場合がある。自動延長のないオークションがそれで、締め切り間際に入札すれば相手にはもはや再入札する時間が残っていないので、相手の漸増入札戦略を封じ込めることができる。

次に、これも自動延長なしのオークションでより顕著なのだが、狙い撃ちによって買手は入札競争を避けられるかもしれない。どの買手も普通に早い段階で入札するならば最も高い金額を入札した買手が商品を落札するだろう。あるいは最も高い評価値を持っている買手が商品を手に入れるといいかえても良い。

しかし、みんなが狙い撃ちをすると、中には入札を失敗してしまう買手も現れるだろう。ロスとオッケンフェルズは、複数の買手が最後の瞬間に同時に入札するとインターネットの技術的な問題から入札が失敗する可能性がある、と説明している。現在ではこのようなことはまあないだろうと思うけれど、それでも狙い撃ちはミスることがある。たとえば、入札しようと思った瞬間に電話がかかってきて入札できなかったとか、終了時刻を勘違いして入札するのを忘れてしまったとか、そういうことはありうるだろう。このような失敗のリスクがあると、必ずしも最も高い評価値を持つ買手が商品を落札するとは限らなくなって、結果的に落札額が低くなることがある。すべての買手がこのように考えて狙い撃ちすると、どの買手も、入札を失敗するわずかなリスクと引きかえに商品を平均的には安く落札できる。そのため、この

ような考え方を「買手の共謀」ともいう。

　最後に、自分の私的情報が漏れることを避けたいと思っている買手にとって、狙い撃ちはうってつけの戦略である。買手の評価値が相互依存価値である場合には、自分の入札額（あるいは入札という行為）そのものが何かしらの情報を周りに伝えてしまうことがある。買手の評価値が共通価値の場合にはこの問題はより顕著だ。たとえば、美術品のオークションに出品されている商品が真作（価値が高い）か贋作（無価値）か分からないという状況を想像してみよう。一般人には商品価値がよく分からないけれど専門家にははっきりと分かるとすれば、専門家は終了間際に入札したいと考えるだろう。早めに入札して本当の価値が周りにばれたら価格がどんどん上がっていってしまう恐れがあるからだ。

5.3　狙い撃ちは自動延長なしで起きやすい

　いま見たように、オンラインオークションでよく使われる狙い撃ち戦略には一定の合理性がある。ただし、このような理由（特に先ほど挙げた3つの戦略的な要因）で狙い撃ちが起きているのだとすると、実は狙い撃ちされやすいオークションと狙い撃ちされにくいオークションがあることに気づくだろう。狙い撃ちされやすいオークションとは「自動延長なし」のオークションである。一般向けに書かれたヤフオクの解説本にも、自動延長なしの場合に狙い撃ちは効果的な戦略であると書かれている。たとえば、山口・リンクアップ『ヤフオク攻略大辞典』は「終了時刻寸前のタイミングで現在の価格よりも少しだけ高い金額を提示して落札するのがお得に落札するセオリー」（41ページ）だとしている。

　他方で自動延長ありのオークションでは狙い撃ちのメリットがことごとく消えてしまう。まず漸増入札戦略への対抗策という議論についていうと、狙い撃ちが漸増入札戦略を封じ込められるのは自動延長がないからである。オークションの終了間際にせっかく入札しても、終了時刻が5分間も伸びればその間に相手は再入札ができてしまうだろう。次に買手の共謀理論について

も、終了時刻が伸びれば相手が入札を失敗する可能性は劇的に下がってしまう。それどころか、自動延長ありのオークションでみんなが狙い撃ちをミスれば（そんなことはあまり起きないだろうが）誰も落札しないままオークションは終了してしまう。もちろん自分も落札できない。つまり狙い撃ちにはリスクしかないということだ[6]。

　狙い撃ちの最後のメリットと関連して、オッケンフェルズとロスは『ゲームと経済行動』誌に発表した研究の中で、自動延長なしのオークションでは狙い撃ちが最適な入札戦略となりうることを理論的に示している[7]。オッケンフェルズたちにならって、先ほどの美術品オークションの例をもう一度考えてみよう。専門家は商品価値を正しく認識できるのだが、一般人には価値がよく分からない。ただし、真作に対する評価値は一般人の方がわずかに高いと想定しておく（素人はなんでもありがたがる、ということなのだろうか？）。この時に彼らが示したのは、自動延長のあるオークションにおいて、（真作に対する評価値の低い）専門家は商品を決して落札できないということだ。この背後にあるロジックはきわめて直感的である。専門家が入札することは商品が真作であることを意味するので、それを見た一般人がより高い入札によって商品を落札してしまうのだ。その点、これが自動延長なしのオークションであれば、専門家は狙い撃ちに賭けることもできるだろう。序盤で入札すれば一般人に必ず負けてしまうが、最後の瞬間に入札すれば、商品が真作であることに一般人が気づいた時にはもうオークションは終わっている。つまり、買手の評価値が相互依存価値である場合には、自動延長なしオークションでは狙い撃ちが買手に合理的に採用されるのである。

6　Studioノマド『はじめてのヤフオク！』には、狙い撃ち（秒札）を防いで取引の公平さを維持するために自動延長ありのオークションが用意されていると説明されているが（165ページ）、これは正しくないだろう。自動延長ありのオークションでは狙い撃ちに旨味がないのはそのとおりだが、狙い撃ちは十分な合理性をもつ1つの戦略なので、取引の公平さとは関係ない。そして伝統的な競上げ式オークションはそもそも「自動延長あり」オークションなので、その仕組みをヤフオクが取り入れたと考える方が自然ではないだろうか。

7　Ockenfels and Roth（2006）

オッケンフェルズとロスは連続時間モデルを用いて狙い撃ちが均衡を構成するかどうかを分析したのだが、入札に最小単位があると二位価格オークションが真実表明メカニズムではなくなってしまうことを補足しておこう。最も重要なことは、二位価格オークションでも、現実のオンラインオークションのように入札に制限がある場合（入札額の最小単位が決まっている場合）には支配戦略が存在しない、ということだ。どの買手も自分の評価値を入札することは依然として均衡を構成するものの、この「真実表明」はもはや支配戦略にはならない[8]。いいかえれば、どのような入札額を選ぶべきかは、他の買手の入札額によって異なるかもしれないということだ。

　実際に、入札額の最小単位が決まっている二位価格オークションで、自分の評価値をそのまま入札することが必ずしも良いとは限らないことが次のような例で確認できる。開始価格が1000円の自動延長なしオークションを考えてみよう。この時、ヤフオクでは最低入札単位が100円なので、買手は現在価格より最低でも100円高い金額（この場合であれば1100円以上）を入札しなければならない。さて、いま買手が2人しかおらず、あなたの評価値を5000円、ライバルの評価値を3000円とする。最後の瞬間にあなたとライバルが同時に自分の評価値を入札すると、あなたは商品を3100円（二位価格＋最低単位）で落札することになる。では、今度は、最後の瞬間にあなたは3001円を入札するとしよう（ライバルは自分の評価値である3000円を入札する）。この時の落札額は3001円となる。つまり、二位価格と二位価格＋最低単位の間の金額を入札すると、自分の評価値を正直に入札するよりも落札額を低くできる場合があるということである。もちろん現実にはライバルの評価値（や入札戦略）を事前に知ることはできないのだが、ここでは自分の評価値とは異なる金額を入札して得できる状況がある、という事実が大切である。これは通常の（最低入札単位のない）二位価格オークションでは決して起こりえないからだ。

---

[8] Ockenfels and Roth（2006, pp. 301-302）

5.4 実証と実験

前節では、オンラインオークションの中で、狙い撃ちがそれなりに有効な（そして合理的な）入札戦略である理由を見てきた。しかし、その有効性はどうやら自動延長なしのオークションにおいての方が高いようだ。とすれば、買手は自動延長ありオークションよりも自動延長なしのオークションで、より狙い撃ちをしたいと考えるはずである。この仮説を検証した2つの研究（1つは実証研究で、もう1つは実験研究）を紹介しよう。

実証研究―アマゾン vs. イーベイ―

これまでにも何回か出てきたロスとオッケンフェルズの2人は、自動延長ルールと入札戦略の関係を検証するために、イーベイとアマゾン（Amazon）という2つのオンラインオークションに目を付けた[9]。アマゾンがオークションとは妙な気がするかもしれないが、米国のアマゾンは以前にオークションのサービスを提供していたのだ。ポイントは、それぞれのオークションサイトが採用しているオークションの終了ルールの違いである。先ほど述べたように、イーベイオークションでは終了時刻が固定されているオークション（ヤフオクでいう自動延長なし）しかなく、一方のアマゾンオークションはすべて自動延長あり形式で締め切り間際に入札があると終了時刻が10分延長される。

ロスたちはイーベイとアマゾンの両方で「コンピュータ」「アンティーク」という2つの商品カテゴリに注目した。これらのカテゴリを選んだのは、コンピュータとアンティークがそれぞれ私的価値と相互依存価値に分類される典型的な商品だと彼らが考えたからだ。「アンティーク」カテゴリではすべての商品を対象にしたものの、「コンピュータ」の方ではモニターとラップトップのオークションに絞った。これは恐らくコンピュータの出品数がとて

9　Roth and Ockenfels（2002）

も多かったからだろう。対象にしたオークションは1999年10月から2000年1月の間に取引が完了したものである。

　オンラインオークションではしばしば買手は複数回の入札をするけれど、彼らが研究の中で重視したのは各入札者が最後に入札したタイミングだ。自動延長ありのアマゾンオークションでは、「コンピュータ」でも「アンティーク」でも締め切りの1時間前には93パーセントの入札がすでになされている。大半の買手は早々に入札をすませてしまい、その後の動向には関心を持っていないかのようだ。もちろん狙い撃ちのような終了間際の入札が皆無というわけではないが、それほど多くはない。最後の5分間になされた入札は全体の2パーセントほどである。他方で自動延長なしであるイーベイでは、締め切り1時間前までになされた入札は80パーセントにとどまる。

　オークションが終わるまでの最後の5分間に入札のあったオークションの割合を見てみよう。イーベイでは「コンピュータ」で40パーセント、「アンティーク」の59パーセントのオークションにおいて終了間際に入札があった。それに対してアマゾンでは「コンピュータ」と「アンティーク」のどちらのカテゴリでも終了間際の入札は3パーセントにすぎなかった。5分間ではなくて最後の1分、10秒で見るとこの傾向はさらに顕著になる。イーベイでは240件のうち最後の1分間に入札があったのは89件、最後の10秒間に入札があったのは29件であったのに対し、240件のうちアマゾンでは最後の1分の間に1件の入札があったのみだった。

　この結果は何を意味しているのだろう？　ロスとオッケンフェルズは狙い撃ちがオンラインオークションに特有の現象であるだけでなく、「自動延長なし」を採用しているイーベイで頻繁に起きていることを見つけた。狙い撃ちは必ずしもすべてのオンラインオークションで同じように起きるわけではなくて、まさしくオンラインに特徴的なオークションでの現象なのだ。

　もう1つ興味深いこととして、彼らは回帰分析を行って、イーベイではフィードバック数の大きい買手ほど入札を遅らせるが、アマゾンでは逆の傾向が見られることを発見した。フィードバック数はある意味で、その買手の経験値を表しているといえよう。とすれば、経験豊かな買手ほど、自動延長な

しのオークションでは狙い撃ち（あるいは終盤での入札）をする傾向にあることになる。他方で自動延長のあるオークションでは狙い撃ちには旨味がないことも、経験豊かな買手は十分に理解しているのかもしれない。

彼らの研究ではデータ分析を補完する目的でアンケート調査が行われている。イーベイで最後の1分間に入札した「スナイパー」368名に対して狙い撃ちをする理由を訊いているのだ。回答者の多くは「価格競争を避けるため」を理由に挙げている。また、アンティークオークションに参加した回答者で特に経験豊かな買手は「自分の持っている情報を他者とシェアするのを避けるため」を回答に挙げている。これらはまさにオークション理論が提供している説明とぴったり一致している。

実験研究―狙い撃ち実験―

自動延長の有無が入札のタイミングに与える影響は実験でも観察されている。ロスとオッケンフェルズが行動経済学者のダン・アリエリーと組んで行った実験研究がそれだ[10]。彼らは評価値を私的価値として、アマゾン型の自動延長ありオークションとイーベイ型の自動延長なしオークションを比べる実験を行った。この研究ではオンラインオークションに対する比較として二位価格オークションも実験に含めている。さらに入札の成功率に応じて自動延長なしオークションを2種類用意した。具体的には、終盤（たとえば残り時間が1分を切ったあとに入札した場合）に、その入札が確実に受け入れられるオークション（成功率100パーセント）と、20パーセントの確率で受け入れられないオークション（成功率80パーセント）の2つである。他方で、自動延長ありオークションでは常に20パーセントの確率で入札が失敗し（成功率80パーセント）、二位価格オークションでは必ず入札が成功する（成功率100パーセント）と設定した。これはロスとオッケンフェルズの理論モデルが「入札の成功率」という要素を考慮していることによる。いま見た4つのオークションで、買手の入札戦略がどう違ってくるのかを調べるのがこの

10　Ariely et al.（2005）

実験研究の目的である。

　それぞれのオークションには2人の被験者が買手として参加した。4つのどのオークションでも、2人の買手は入札するかどうかを同時に決めなければならない。ただし入札できるチャンスの回数がオークションの形式によって異なる。まず、二位価格オークション以外の3つのオークションでは、「序盤ステージ」において入札するかどうかを決める。どちらか一方、あるいは2人ともが入札すると、オークションは次の「序盤ステージ」へと移る。そこで買手は再び入札するかどうかを決めることになる。少なくとも1人が入札する限り、これが繰り返される。他方で、2人の買手がどちらも入札しないと、オークションは「終盤ステージ」に突入する。この「終盤ステージ」が3つのオークションでは違ってくる。

　自動延長なし（イーベイ型）オークションでは、いったん「終盤ステージ」に入ればオークションはこのステージでもう終わりである。買手が入札しようとしまいとそれは変わらない。ここでの入札は成功率に応じて受け入れられる場合もあるし、失敗することもある。これは先ほど説明したとおりである。他方で、自動延長あり（アマゾン型）オークションでは、「終盤ステージ」でどちらかの買手が入札を成功させた場合、オークションが「序盤ステージ」に戻ると設定されている。最後に、二位価格オークションは「終盤ステージ」しかないオークションである。

　4つのオークションにおいて、どれくらいの入札が「終盤ステージ」で起きたのかを比較するのが分析の肝になる。イーベイ型の中で比べると、終盤での入札成功率が80パーセントの場合には100パーセントの場合よりも多くの終盤入札が見られたが、統計的に有意ではなかった。しかし、イーベイ型をアマゾン型と比べると、成功率にかかわらず、イーベイ型では終盤における入札がアマゾン型よりも有意に多く見られた。実験でもやはり、スナイパーはイーベイに多く潜んでいるのだ。

　先ほど紹介した実証研究では、イーベイにおける狙い撃ちはオンラインオークションでの経験に左右されることが示唆されていたが、この実験でも同じ現象が観察された。各被験者は同じタイプのオークションで18回試行する

のだが、イーベイ型に割り振られた被験者は試行回数とともに終盤での入札を増やしていく傾向があるのに対し、アマゾン型の被験者は終盤での入札を段々と減らしていく傾向にあったのである。それと同時に、序盤ステージでの入札はイーベイ型でもアマゾン型でも、試行回数が増えるにつれて減少していっている。イーベイで序盤での入札を減らす、つまり入札競争を避けるために狙い撃ちを採用していることがうかがわれる。

落札額については何が分かったのだろう？　実験結果からは、入札のタイミングが落札額に与える影響を読み取ることができる。具体的には、序盤ステージでの入札が多いほど落札額が上がるのである。売手にとってスナイパーは好ましからぬ存在ということだ。売手の収入をオークションの形式間で比べてみるとアマゾン型のオークションが他の3つをわずかに上回っていたが、これはアマゾン型オークションでは序盤ステージでの入札が多いことによる。前に即決価格のところで述べたように（4章を参照）、イーベイは早期入札を促すアドバイスを提供しているが、これは落札額を高くするためという理由があるのかもしれない[11]。

5.5 自動延長の有無と落札額との関係

先に説明したとおり、イーベイやアマゾンでは自動延長の有無があらかじめ決まっている。それに対してヤフオクではオークションの終了ルール（自動延長の有無）を売手が自分で決めることができる。本節では、このような場合に終了ルールが売手の収入にどう影響するのかについて考察した研究を紹介することにしよう。

理論研究

実は、売手の収入をできるだけ高くしたい、という最適オークションの立

---

[11] 効率性についての比較でもアマゾン型のオークションは他の3つをわずかに上回った。アマゾン型と比べてイーベイ型では、自分よりも評価値の高い買手をさしおいて自分が落札できる可能性が高いということだ。

場からこの疑問を理論的に考察した研究はほとんどないのだ。ここではその数少ない研究の内容を見ていくことにしよう[12]。この研究では、売手も買手もリスク中立的で、買手の評価値が私的価値である状況を分析している。以下の話はこの状況にあてはまるオークションについてのものである。

　まず確認しておきたいのは、買手は自分の評価値を基にして入札額を選ぶわけだが、自動延長の設定そのものは買手の評価値に影響を与えないということだ。ヤフオクを二位価格オークションとみれば買手は自分の評価値をそのまま入札すべきなので、入札額も終了ルールに無関係ということになる。つまり自動延長をありにしようがなしにしようが、売手の収入は平均的には変わらないのである。いってみれば、自動延長の設定については「収入同値定理」が成り立つわけだ（収入同値定理については、2.3節、2.7節を参照のこと）。ただし、理論研究によれば、自動延長の選択は単独で考えるのではなく、開始価格とセットにして考える必要がある。

　すでに3章で見たように、落札されなかった商品はしばしば再出品される。つまり、ヤフオクはいわゆる逐次オークションの特徴を備えているといえる（3.6節も参照のこと）。再出品にならず、なるだけ今回落札してほしいと考えている時にはいくつか注意することがある。これも以前に述べたことだが、再出品の時には開始価格が下げられる傾向があるので、ライバルの入札がないのであれば、買手は値下がりを待ちたいというインセンティブを持つ。しかし、自動延長なしのオークションでは終了間際に狙い撃ちされる可能性があるので、値下がりを待つのは難しいだろう。ライバルの入札の様子を最後の1分1秒まで観察し続けるなんてそうそうできるものではない。そのため、開始価格がよほど高くない限り、自動延長なしオークションは今回で終わってしまう（つまり落札される）可能性が高いのだ。

　他方で、自動延長ありオークションでは仮に終了の直前に入札があっても、オークション時間が伸びるのでこちらも対抗して入札することが可能になる。そのため買手はある程度の余裕を持って再出品による値下げを待つことがで

12　Tsuchihashi（2012, 2013）

きる。つまり、自動延長ありオークションで確実に落札されることを希望するなら、売手は開始価格を低めに付ける必要があるということだ。

　買手がリスク回避的だったら？　あるいは買手の評価値が相互依存価値なら？　残念なことにこのような状況を調べた理論研究は存在しない。しかし買手がリスク回避的な場合や、評価値が相互依存価値の場合には、自動延長の設定が違えば落札額も変わってくるかもしれない。たとえば買手の評価値が相互依存価値であれば、入札によって買手の私的情報がライバルに漏れ伝わるほど落札額は高くなる傾向にある。自動延長ありのオークションでは狙い撃ちが起きにくく序盤での入札が起きやすいので、評価値についての買手の私的情報がライバルに伝わりやすくなるだろう。とすれば、自動延長をありに設定することで、売手は収入を増やすことができるかもしれない。残念なことに、買手がリスク回避的な場合に何がいえるのかはよく分からない。この点については今後の研究に期待しよう。

実証研究

　理論研究はほとんどないものの、実際のオークションから集めてきたデータを用いて自動延長の有無と落札額の関係を調べた研究や、同じ商品を異なる自動延長設定のもとで出品して実際に落札額に差があるかどうかを調べたフィールド実験はいくつか存在する。

　米国ヤフーオークションのデータを用いて自動延長の有無と売手の収入との関係を調べた研究がある[13]。米国のヤフーオークションでも自動延長の有無は売手にとってのオプションである。この研究では2003年6月17日から12月20日までに開かれたプレイステーション2（PS2）オークションのデータを用いた。オークションは全部で761件あって、落札価格が25ドル以下かそれ以上かでオークションを分類している。彼らの回帰分析は即決価格付きのオークションに限定している点に特徴がある。これによって、落札額そのものではなく、即決価格に対する落札額の比率（WBR: winning bid ratio）によ

13　Onur and Tomak（2006）

ってオークション間で標準化できる。彼らが考察したのは、自動延長の有無がその比率にどう影響しているのかという点である。ただし、即決価格そのものが落札価格に影響を与えることを考えると、回帰分析の結果によって自動延長の有無が落札価格に与える影響を純粋に考察できているのかどうかはやや不明である。その点を考慮しつつも結果を見てみると、自動延長なしオークションでのWBRは自動延長ありにおけるものよりも大きい。つまり、即決価格が等しいとすれば、落札価格は自動延長ありのオークションでの方が高くなることを意味している。実際にこの研究では「自動延長の有無は売手の期待収入の差に影響する」と結論している。

しかし、この結論は必ずしも妥当とはいえないかもしれない。先に述べたように、彼らはオークションの落札額でオークションを高評価、低評価に分類しているのだが、落札価格が25ドル以上の高評価オークションに限ってみると、WBRの差は有意ではなくなってしまうのだ。PS2の定価を考えると落札額が25ドル未満というのはやや特殊なケースだろう。そう考えると、「普通の」PS2にかんするオークションについては、自動延長の有無が落札額に影響するとはいえないのではないだろうか。

もう1つ、米国ヤフーオークションを舞台にしたフィールド実験を紹介しよう[14]。この研究ではギフト券のペアを自動延長の有無だけが異なる別々のオークションに出品して落札額の違いを調べた。ギフト券はどれも米国の大手チェーン店のもので額面は50ドルである（ペアごとにギフト券の種類は違う。たとえば、トイザらス、大手スーパーのターゲットなど）。ギフト券を出品するというのは巧いやり方だ。というのもギフト券は買手にとって完全な私的価値を持つ商品だと考えられるからだ。他人の入札で評価値が変わってしまうということは考えにくい。

このフィールド実験は2001年の秋に行われた。学生アシスタントがヤフーのアカウントを作ってギフト券をせっせと出品したのだ。そうして得られた14組のデータが分析された（実際には15組のギフト券を出品したのだが、そ

14　Houser and Wooders（2005）

のうちの1組にはデータの記録漏れがあったらしい)。

　落札額はギフト券ごとにだいぶバラつきがあった。落札の平均額を見ると、自動延長なしと比べて自動延長ありの方が3.5パーセントほど高い。金額でいうと1ドルちょっとの差でしかないのだが、この差は統計的には意味のある結果だったという。個別のオークション結果をよく調べてみると、自動延長ありのオークションで、実際に終了時刻が伸びた場合に落札額の差が大きくなることが分かった。逆に、自動延長の有無にかかわらず、当初の予定時刻に終わったオークションでは落札額に差はなかった。

　このフィールド実験の結果は先ほど紹介した理論予測とは異なることを意味するだろうか？　実は必ずしもそうとはいえないのだ。というのも、先ほど述べたように、理論的にはオークションの終了ルールに応じて異なる開始価格を付けるべきなのだが、この実験では開始価格を等しく設定している。このことが「自動延長ありの方が売手の収入を高める」という結果をもたらしている可能性があるだろう[15]。この点にかんしては今後、別の実験研究が理論を検証してくれるのを期待しよう。

15　自動延長の有無によらず、売手の収入は自動延長の有無とは関係がない、ということを示したフィールド実験の研究もある（Gupta, 2001）。この実験では、未開封のCDを40組のペアにして、それぞれを自動延長ありと自動延長なしで出品して落札額を比較している。落札額の平均値はそれぞれ自動延長ありが6.89ドル、自動延長なしが6.60ドルでこの差は統計的に有意ではなかった。

5章のポイント

- オンラインオークションでは狙い撃ち（スナイピング）という入札行動が使われることがあるが、自動延長なしのオークションで顕著に観察される。
- 狙い撃ちが効果的な理由は3つある。漸増入札戦略への対抗策、買手の共謀による落札額の低下、私的情報の漏洩を防ぐこと。
- オンラインオークションを逐次オークションと見なすと、自動延長の有無に応じて最適な開始価格が決まる。
- オンラインオークションを逐次オークションと見なすと、私的価値オークションでは、自動延長の有無は平均的な落札額に影響を与えない。いわゆる収入同値定理が成り立つ。
- 米国ヤフーオークションのデータを用いた実証研究には、自動延長をありに設定すると落札額が高くなると報告しているものがある。

オークション理論からのアドバイス

- **自動延長は「あり」に設定しよう（ヤフオクでは初期設定のままにしておけばよい）。**
- **自動延長のないオークションでは早期入札は避けよう（というか狙い撃て）。**
- **自動延長のあるオークションでもあえての早期入札は避けよう。**

column 4

官公庁オークション

　官公庁オークションをご存知だろうか。省庁や市町村といった行政機関がインターネット公売や公有財産売却をインターネットオークションで行うというサービスのことだ。Yahoo! 官公庁オークションは国内最大規模の官公庁オークションである。公売という言葉には、税金滞納者から差し押さえた土地や建物などの高額物件が競りにかけられるというイメージがあるけれど、土地付き建物やリゾート会員権からゲーム機、お米など実に幅広い商品が出品されている。「出品者」の顔ぶれもまた多彩で、国税庁、内閣府、滞納整理機構、病院、水道局などが軒を連ねる。Yahoo! IDを持っていて事前に申し込めば誰でも買手として参加できる。

　ただし、ヤフオクと官公庁オークションではオークションの仕組みにいくつかの違いがある。「Yahoo! 官公庁オークションヘルプ」に基づいて官公庁オークションの特徴を見てみよう。まず、官公庁オークションには、ふつうのヤフオクで売手が選べるようなオプションがほとんどない。開始価格こそオークションによってまちまちなのだが、最低落札価格や即決価格は一切設定されない。早期終了もなければ自動延長もない。つまり予定の終了時刻より早く終わることも遅く終わることもないということだ。最低落札価格や即決価格が設定されていないオークションはヤフオクにも多いけれど、自動延長のないオークションはヤフオクでは珍しい。これは官公庁オークションの大きな特徴の1つといえるだろう。

　もう1つの特徴は入札回数だ。官公庁オークションには「せり形式」

「入札形式」という2種類の形式が用意されている。どちらの形式で行われているのかは個別のオークションによって異なる。官公庁オークションに特有である入札形式のオークション（入札方式オークション）では、買手が入札できるチャンスは一度きりである。同じ出品者（行政機関）でもせり形式と入札形式の両方に別々の商品を出品していることがあるのだが、その基準がどこにあるのかは素人見ではよく分からない。調べてみたら面白いのかもしれない。

　先ほども書いたように官公庁オークションに参加するためには申し込みが必要なので、その手間が少しだけ面倒に思えるかもしれない。ただし「お買い得」な商品や掘り出し物も多数出品されているので、一度のぞいてみるのも面白いだろう。

6

留保価格を隠す

――最低落札価格のオークション理論――

6.1 最低落札価格と開始価格の違い

　ヤフオクでは開始価格とは別に最低落札価格というものを設定することができる。最低落札価格とは文字どおりの意味で、この価格を設定しておくと、出品している商品がこの金額よりも安く落札されることを避けることができる。こう書くと開始価格と何が違うの？　と思う読者もいるだろうが、最低落札価格と開始価格には大きな違いが2つある。

　まず、開始価格よりも低い入札はシステム上そもそも受け付けられないが、買手は最低落札価格よりも低い金額を入札することが一応できる。一応、と書いたのは、そのような金額を入札することはできても、最高入札額が最低落札価格に達しない限りは商品を落札することができないからだ。たとえば、開始価格＝1円、最低落札価格＝5000円というケースを考えよう。この場合、1円以上の入札はすべて受け付けられるものの（入札数にもカウントされる）、最高入札額が5000円未満の場合には商品は落札されない。5000円以上を入札して初めて落札する権利を手に入れることができるのである。

　次に、こちらのほうが重要な違いなのだが、最低落札価格は買手には公開

されない。最低落札価格を設定したオークションで入札者に分かるのは「自分の入札が最低落札価格よりも低い」という事実だけである。先ほどの例では、あなたが4000円を入札すると「※最低落札価格に達していません」というメッセージが表示される。そして、入札額が最低落札価格を超えたあとは、普通のオークション画面と同じになる。すでに他の買手が最低落札価格よりも高い金額を入札している場合、新しくこのオークションにアクセスした買手にとっては、このオークションに最低落札価格が設定されていたかどうかはまったく分からない。

　このように最低落札価格は開始価格とは似て非なるもので、大きな特徴は最低落札額が入札者に非公開であるという点にある。「この価格未満では落札されない」という意味で開始価格が留保価格と呼ばれることはすでに述べたが（3章）、オークション理論では最低落札価格のことを**非公開留保価格**（secret reserve price）と呼んで開始価格と区別している。また、開始価格を特に**公開留保価格**（public reserve price）と呼ぶこともある。

6.2 あまり使われない（？）最低落札価格

　サザビーズやクリスティーズといった伝統的なオークションハウスが主催するオークションでは元々、出品者は最低落札価格（リザーブという）を設定して美術品などを出品することが可能だ。オンラインオークションでこの仕組みが利用できるのは、伝統的なオークションに元々あった仕組みを踏襲しているということなのだろう。

　最低落札価格は有料オプションで、利用するにはオークションあたり108円（税込み）の利用料がかかる。自分のオークションを目立たせたり宣伝したりするPRオプション以外では唯一の有料オプションである。そして、このオプション利用料はかなり高額といえる。実際、落札価格に応じて金額が決まる「あなたへのおすすめコレクション」（落札価格の1〜99.9パーセントの範囲で出品者が自分で選べる）と「アフィリエイト」（落札価格の1パーセント）を除けば最も高い（表6.1）[1]。

オプション	内容	利用料
最低落札価格	非公開の最低落札価格を設定する	108.0円/個
あなたへのおすすめコレクション	「マイ・オークション」の「あなたへのおすすめコレクション」に表示する	落札価格に対して1.0～99.9%
注目のオークション	商品一覧の画面上位（「注目のオークション」）に商品タイトルを表示する	21.6円/日（以上）※利用料の金額の高い順に表示される
太字テキスト	商品タイトルを太字で表示する	10.8円/出品
背景色	商品タイトルの背景を黄色くする	32.4円/出品
目立ちアイコン	美品、限定品など、商品の状態を示すアイコンを表示する	21.6円/出品
贈答品アイコン	プレゼントにふさわしい商品であることを示すアイコンを表示する	21.6円/出品
アフィリエイト	ブログやホームページに商品を掲載する	落札価格の1%

表6.1：ヤフオクの有料オプション利用料（表2.1を再掲）

　このように利用料の高い最低落札価格はどのくらい使われているのだろう？　たとえば「PS4本体」カテゴリを見てみると、2015年4月11日から5月31日までに出品されたオークションは全部で9233件あった。そしてその中で最低落札価格を設定していたオークションはわずかに213件（2.3パーセント）しかなかった。

　イーベイでも状況は似たような感じのようだ。ヤフオクの最低落札価格と同じ仕組みはイーベイにもあって、最低落札価格が設定されているオークションの割合についていくつかの研究が報告している。それによれば、2009年にイーベイで開催されたすべてのオークションを通じて、最低落札価格あり

1　ただし「注目のオークション」では売手が利用料を決めるので、108円よりも高い金額を設定することもできる。

のオークションはわずかに1パーセントにすぎなかったという[2]。ただし、イーベイでも最低落札価格は有料オプションなので（イーベイでは設定金額によって利用料が異なり、最低2ドルからとなっている）、価値の低い商品では最低落札価格を付ける意味合いが薄いのかもしれない。実際にイーベイの硬貨オークションではカタログ価格の高いコインに対しては最低落札価格が設定されやすいようだ[3]。また、ゴルフドライバーのような高額商品のカテゴリでは利用頻度がもっと高いという報告もある[4]。

いま見たように最低落札価格というのはヤフオクでもイーベイでもそれほど使われない仕組みなのだが、まったく使われないわけではない。そこで、出品者が最低落札価格を設定する理由をいくつか考えてみよう。すぐに思い浮かぶ理由が2つある。

理由①：たくさんの買手の注目を集めるためにできるだけ低い金額（たとえば1円）からオークションを始めたいけれど、本当に1円で落札されたら困っちゃうので、裏で5000円という最低落札価格を設定しておく。図6.1は先ほどふれた「PS4本体」カテゴリの中で最低落札価格を設定してあった213件のオークションについて、最低落札価格と開始価格を示したものだ。縦軸が最低落札価格、横軸が開始価格をそれぞれ表している。縦軸の付近に点がたくさん集まっているのが見て取れるだろう。実際、最低落札価格と一緒に1円という開始価格を付けていたオークションは、最低落札価格を付けていたオークション全体の中でおよそ13パーセント強あった。

理由②：高い開始価格を付けたいけれど、その金額が最初から買手に見えていると買手のやる気をくじいてしまうので、それを防ぐために金額を隠しておく。図6.2は最低落札価格を価格帯別に示したものだ。本体の定価（3万9980円）に近い3万円台に最低落札価格が集中していることがわかる。定価に近い価格で売りたいけれど、その価格を提示していたのでは集客を見込めない、と売手が考えているのだと推測できる。

2　Einav et al.（2011）
3　Bajari and Hortacsu（2003）
4　Hossain（2008）

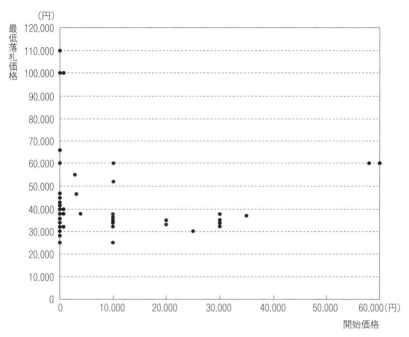

図6.1:「PS4本体」オークションの最低落札価格と開始価格

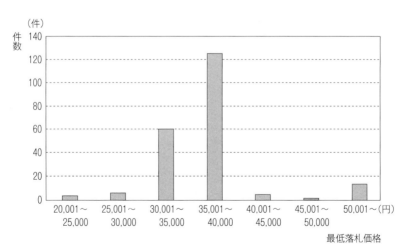

図6.2:「PS4本体」オークションの最低落札価格

6章　留保価格を隠す――最低落札価格のオークション理論――

これらの2つの理由はどちらも現実にありそうに思えるけれど、合理的な理由になり得るかというところには少しばかり問題がある。それは、「最低落札価格が設定されているオークション＝隠されている価格が高い」と買手が考えてしまうだろうということだ。つまり、「1円スタートってなっているけれど、実は1万円以上を入札しないとどうせ落札できないんでしょ？」というわけである。これでは逆に買手を自分のオークションから遠ざけてしまうことにもつながりかねない。

では、最低落札価格を設定することには何かメリットがあるのだろうか？また、最低落札価格を設定するとしたらいくらに設定したら良いのだろう？次節では、これらの疑問にオークション理論がどう答えを出しているのかを見ていくことにしよう。

6.3 留保価格を隠すのはどうして？
――最低落札価格のオークション理論――

オークション理論の分野では、売手が最低落札価格を付ける理由はそもそも大きな謎であった。留保価格を付けること自体の合理性は理解できるものの、それを「隠す」必要性がよく分からないからだ。競上げ式オークションでワインやアートを売る場合には最低落札価格を付けることで買手の共謀を阻止することができるかも知れない、という意見もあるのだが、これもいまいちピンとこない[5]。

これまでに何回も述べていることではあるが、オークション理論の文脈では最適オークションという考え方が重要だ。そして収入同値定理が成立する状況では、一位価格オークションや二位価格オークションなどの標準的なオークションで適切に開始価格を設定すれば平均的には収入を最も高めることができる。これがオークション理論による重要な結果だった（2.3節）。つまり、収入同値定理が成立する条件が満たされている時には、理論上、売手に

5　Ashenfelter（1989, p. 26）

とって非公開留保価格を付けるメリットはまったく何もないということになる。

　そうであれば、非公開留保価格が売手の収入を高める可能性のある状況というのは、収入同値定理が成立しないための何かがなければならない。このような状況を大きく2つに分けると、買手の評価値が独立な私的価値ではない場合か、あるいは買手がリスク中立的ではない場合ということになる（2.7節を参照）。では、それぞれの状況において、公開されていない最低落札価格が売手の収入を高める可能性について調べた研究を以下で見ていこう。

買手の評価値

　買手の評価値が独立な私的価値でなければ収入同値定理は崩れてしまう。しかしだからといって、非公開の最低落札価格がただちに売手の収入を高めるわけではない。他にも何か条件が必要なのである。この条件を探るためにまず注目されたのが共通価値オークションだ[6]。すべての買手にとって評価値が同じなのだが、その本当の評価値をどの買手も完全には知らないという状況でのオークションである。ただし買手は本当の評価値についての不完全な情報（シグナル）を得ていて、このシグナルを基にして入札額を決めることになる。

　ここでは二位価格オークションを考えよう。買手の評価値が私的価値の場合には、開始価格がいくらであろうと買手は単に自分の評価値をそのまま入札することが最適だった（これは支配戦略でもある）。共通価値オークションでも開始価格が1円（理論的にはゼロ、あるいは留保価格の設定なし）の場合には、買手は自分のシグナルを評価値の推測値と考えてそのまま入札することが最適になる。それに対して、開始価格が1円よりも高く設定されている場合、話は少し複雑になってくる。

　共通価値オークションには「勝者の呪い」の可能性がある。つまり、共通価値の推測を誤ってしまい、本当の評価値をだいぶ上回る金額を入札してし

6　Vincent（1995）

まうかも知れないのだ（6.7節の補論を参照のこと）。開始価格が1円よりも高く設定されている場合には、この「勝者の呪い」のリスクが高くなってしまうのである。その理由を理解するために簡単な例を考えてみよう。

共通価値オークションで開始価格が5000円だとする。そして「評価値はどうやら8000円らしい」という情報を得た買手が、そのシグナルに基づいて8000円の入札をして商品を落札したとしよう。自分以外にも入札者がいた場合には、落札額は二位価格である。この例では二位価格は5000円よりも高い金額になっている。その一方で、自分以外には誰も入札者がいなかったとすれば、落札額は開始価格の5000円ということになる。そして後者の状況は落札者にとって最悪なのである。

他の買手が誰も入札していないということは、ライバルたちが手にした評価値情報は開始価格よりも低かったということだ。つまり、この落札者は評価値を過大評価してしまったのである。共通価値オークションでは買手の評価値が関連しているので、多くの買手が評価値を低く見積もっているのなら、本当の評価値も実際に低い。これが典型的な「勝者の呪い」である。

それでも開始価格が1円であればまだ結果はましだっただろう。2番目に高いシグナルを得た買手（1番高いシグナルを得たのが落札者である自分自身）が相応の入札をしてくれていたはずで、落札額は5000円よりも低い2番手の入札額になったからである。開始価格が1円よりも高い場合には、入札者が自分以外に誰もいないという最悪の状況において、損失が大きくなる恐れが高くなるのだ。

そこで1円よりも高い開始価格が設定されている場合には、シグナルとして得た金額が開始価格とさほど変わらない買手は入札を見送るという選択をすることになる。たとえば5000円という開始価格に対して「評価値はどうも5500円らしい」という情報を得た買手は入札しないのである。自分が落札できたとして、2番手の入札者が5000円以上5500円未満の入札をする可能性は低いからだ。以下の話ではここがキーポイントになる。

まず、売手が最低落札価格を付けずに開始価格を決めるとしよう。当然、自分が得た情報がこの開始価格よりも低いような買手はこのオークションで

	最低落札価格 （売手の留保価値に基づいて決める） ＋開始価格1円	開始価格 （売手の留保価値に基づいて決める）
入札者	全員	「開始価格＋α」よりも高い評価値情報を持つ買手のみ
入札額	抑え気味	それなり

表6.2：最低落札価格と開始価格のトレードオフ

入札することはない。そして、先ほど述べたように、開始価格よりも少しばかり高い情報を得た買手も入札に参加しない。情報に基づく評価値が開始価格よりもだいぶ高ければ、この場合には「自分以外に誰も入札者がいない！」という憂き目に遭う可能性は低いので、このような買手はそれなりの金額を入札することになる。

では次に、本来の開始価格を秘密にして、非公開の最低落札価格を設定するとしよう（見た目の開始価格は1円に設定しておく）。この場合、最低落札価格について皆目見当がつかない以上、買手はとりあえず自分の得た情報に基づいて入札するほかない。ところが、その時の入札額は本来の開始価格が公開されている場合の入札額よりも低くなるはずである。なぜなら、この場合、どの買手にも先ほど述べた「最悪のケース」が起こる可能性があるからである。だから、そのリスクを加味して入札額を抑え気味にするというわけだ。

さて、これで公開されている開始価格と非公開の最低落札価格によるトレードオフがはっきりしてきた（表6.2）。非公開の最低落札価格を設定しておけばより多くの入札者を見込めるものの入札は抑え気味になる。半面、最低落札価格を設定せず、本来どおりに開始価格を決めておけば、入札額が抑えられることはないものの、一定の入札者を締め出してしまうことになる。最低落札価格を設定することのメリットがデメリットを上回るならば、秘密主義の恩恵を受けられるわけである。

では、どのような売手が最低落札価格の恩恵を受けられるのだろう？　実はここに売手の留保価値が関係してくる。ヤフオクでモノを売ろうとしている人なら誰でも知っているとおり、売手自身も、自分の出品する商品に対して自分なりの留保価値（評価値）を持っている（ただし、ここでは売手の留保価値は買手の評価値とは直接関係していないものと想定しよう）。この時、もちろん売手は自分の留保価値よりも安く商品が落札されないように開始価格を決めたいはずだ。留保価値が低ければ開始価格は低く、そうでなければ開始価格は高く付けられることになる。

　売手の留保価値が高いとしよう。この場合には留保価格を公開しようと（＝開始価格）、非公開にしようと（＝最低落札価格）、そもそも商品が落札される可能性は低い。であれば、開始価格を最初から高く設定して、限られた買手にそれなりに価格をきちんと入札してもらう方が売手にとっても良いだろう。今度は売手の留保価値が低いと想定してみよう。この場合にはさっきと逆で、留保価格を公開することで、低い評価値の情報を持つ買手を排除することのデメリットが大きい。つまり、最低落札価格を設定する方が良いのである。けっきょく、売手の留保価値が低いという可能性が十分に高い場合に、売手は最低落札価格を設定すべしということになる。

　実はこの議論には注意すべき点が1つある。それは、留保価格を公開するか非公開にするかについて、売手は自分の留保価値を知る前に決めなければならない、という点である。ヤフオクでは（イーベイなどのヤフオク以外のオンラインオークションでも同じことだが）商品を出品する時点で最低落札価格を決めなければならない。にもかかわらず、この理論に従えば、出品時点で売手は「自分が出品しようと考えている商品が自分にとってどのくらいの価値を持っているのか」を知っていてはならないことになる。買手にとっての価値ではなくて、売手自身にとっての価値であることに注意しよう。これは普段からヤフオクで商品を出品しているユーザーにとっては違和感を覚える話ではないだろうか。この話が正当化されるのは、たとえば、美術品などを出品する状況である。サザビーズやクリスティーズなどの伝統的なオークションハウスでは最低落札価格が非公開にされることは一般的なのだが、

これには一定の合理性があるといえる。しかし、ヤフオクのような状況ではあまりあてはまらないかもしれない。

　なぜ売手が自分の評価値を知ったあとに決めてはだめなのだろう？　売手が自分の留保価値を知ったあとならば、その留保価値に基づいて留保価格を公開するか非公開にするかを決めることができる。そうすると、「開始価格」か「最低落札価格」かによって買手は売手の留保価値を推測できるだろう。しかし、それでは意味がないのだ。売手の留保価値を買手も知っているのであれば、売手は自分の留保価値に基づいて、落札額ができるだけ高くなるように開始価格を決めれば良い。この時、仮に売手がこの開始価格を最低落札価格として設定して、見た目の開始価格を1円などに設定しても意味はない。なぜなら、（十分に賢い）買手は売手の評価値に基づいて最低落札価格が売手にとっての最適な開始価格と等しいことを見抜いてしまうからである。いいかえれば、この場合には、売手は単に自分にとって望ましい開始価格を付けようと、最低落札価格を設定しようと収入は変わらないということになる。

リスク回避的な買手

　今度は買手がリスク回避的な場合を考えてみよう。この場合にも収入同値定理が一般には成り立たないので、最低落札価格が売手の収入を高める余地が出てくる。

　この方向性で最初に検討されたのは、一位価格オークションだ[7]。一位価格オークションに参加する買手は評価値よりも低い金額を入札するのだが、この下げ幅は買手のリスク回避の度合いによって変わってくる。具体的には、よりリスク回避的な買手ほど入札額を高くするのだ。一位価格では自分が落札した時の支払額は完ぺきに分かっているので、問題は落札できる確率である。落札できないリスクを避けようとする気持ちが高い入札に現れるのだ。買手のこのような気持ちを巧く利用して落札額を高める仕組みが最低落札価格である。

7　Li and Tan（2000）

最低落札価格は「売手による入札」だといえる。売手が自分の留保価値を基にして決める入札が最低落札価格なのである。この場合、買手は自分以外の買手による入札だけでなく、売手の入札にも勝たなければ商品を落札できない。つまり買手にとってはライバルが1人増えることで落札できないリスクが高まることになる。それに対処するためにリスク回避的な買手は入札額を高めるので、売手にとっては収入が増えるというわけだ。

　この論理の中には大切な点が2つある。1つ目は、「売手による入札」が最低落札価格として買手から隠されていることに意味があるということ。あらかじめ開始価格として公開されているならば、そこには売手の入札に自分が勝つか負けるかという不確実性がないので当然リスクも生じない。この場合にはライバルの買手たちの動向だけが重要になる。

　2つ目は、最低落札価格を決める時点では、売手は自分自身の留保価値を知っていてはならないということだ。背後にあるロジックは先ほど述べたものとまったく同じで、もし売手が自分自身にとっての評価値を知っているのであれば、最低落札価格を設定したという事実そのものから買手は売手の留保価値を合理的に計算できてしまう。この場合には、買手は実際の金額が隠れていようと、あたかも留保価格が公開されているかのように振る舞うのでそれによって収入が増加することはない。

　ここでの議論のポイントは、一位価格オークションでは買手が自分の評価値よりも低く入札するというビッドシェイディングである。自分の評価値をそのまま入札するのが最適である二位価格オークションや競上げ式オークションではこのロジックが成り立たないので、基本的には最低落札価格のご利益はなくなってしまう。

たくさんの売手とたくさんの買手

　似たような商品（あるいはまったく同じ商品）が同時にいくつかのオークションで出品されていることは、現実のヤフオクでもよくあることだろう。そんな現実に近い状況を想定しながら非公開留保価格の効果を理論的に考えた研究がある[8]。ジェイエルとラミーが用いたのは標準的なゲーム理論のモ

デルではなく、ミクロ経済学の伝統的な市場均衡モデルに近いものだ。現実の状況に近い反面、彼らのモデルはかなり複雑である。複数のオークションが開催されているので、売手も買手も当然たくさんいるということになる。それぞれが何種類かの「タイプ」に分類されていて、自分の考えに基づいて行動をとる。売手は自分のオークションに留保価格（公開の開始価格と非公開の最低落札価格の両方）を付けたり付けなかったりするし、買手はいろんなオークションを見比べてどれに参加するのかを決める。ただし、実際にオークションへ参加したあとでないと、買手は自分の評価値（独立な私的価値を想定した）が分からない。この想定は現実の状況と比べると少し不自然に思えるかもしれない。

　この研究によれば、出品者が最低落札価格を付けるかどうかは、出品者にとっての商品の価値に大きく左右されるようだ。また、売手が選んだ開始価格に応じて、集まってくる買手のタイプも違ってくる。まず、自分の商品を低く評価する売手は最低落札価格なしの1円オークションを開く。そして、そのようなオークションに集まるのは、自分の競争相手の人数を誤って見積もってしまう買手である。次に、中くらいに評価する売手は自分の評価値と等しい開始価格を付ける。このようなオークションには合理的な買手だけでなく、最低落札価格の金額を見誤るような買手が集まってくる。最後に、評価値の高い売手は自分の評価値を上回る最低落札価格を設定することになる。そして先ほどの、最低落札価格の金額を見誤る買手は、最低落札価格の金額を低く見積もって、このようなオークションにも集まってくる。

6.4 またもや実験！

　非公開の最低落札価格を設定すれば本当に商品が高く落札されるのか？この疑問に答える手っ取り早い方法は、実際のオンラインオークションで出品する時に最低落札価格を付けた場合と付けない場合を比べてみることだろ

8　Jehiel and Lamy（2014）

う。そう考えて実際にイーベイに商品を出品してみて、最低落札価格の効果を検証した研究がある。即決価格にかんする話でも見たように、このような実験はフィールド実験と呼ばれている。実験室実験の場合よりも統制が難しいものの（買手がどんな人なのか分からない）、現実のオンラインオークションを使っているために「実験室に特有の行動」などを排除できるメリットがある。

　ノースウェスタン大学のカターとライリーはポケモンのトレーディングカードをイーベイに出品することにした[9]。ポケモンカードにはいろんなバージョンがあって、限定版や非売品、あるいはホログラム仕様などの特別なカードにはプレミアが付いている。彼らはこのようなレアで価値の高い（といってもお店で1枚あたり1.5ドルからせいぜい25ドルくらいで売られている）ポケモンカードを50組用意した。そして、それぞれのペアの一方を最低落札価格あり、もう一方を最低落札価格なしのオークションで出品したのだ。最低落札価格ありのオークションでは、開始価格を最低の0.05ドルにして、最低落札価格をカードのカタログ価格の30パーセントに設定した。そして最低落札価格なしのオークションでは、カタログ価格の30パーセントからオークションを開始した。つまりふたを開けてみれば、どちらのオークションでもカタログ価格の30パーセント以上を入札しなければポケモンゲットだぜ！とはならないということだ。

　では結果を見てみよう。まず、それぞれのオークションで実際にカードが落札されたかどうかを調べてみると、最低落札価格を設定しなかったオークションでは、72パーセントのオークションでカードが実際に落札されたが、最低落札価格を設定したオークションでは46パーセントしか落札されなかった。この差は統計的に有意だった。ということは、最低落札価格を付けると、落札額がどうのこうのという前に、そもそも落札される可能性が低くなってしまうということだ。いいかえれば、買手は最低落札価格付きのオークションを避けるということなのだろう。彼らの統計分析によれば、最低落札価格

9　Kathar and Lucking-Reiley（2000）

を設定することによって落札される確率が24パーセントも下がってしまう。

　一般的にいって、落札額に影響する要素としては入札自体の数が重要である。ただし、最低落札価格が設定されているオークションへの入札数を見る時には１つ注意点がある。それは、最低落札価格よりも高い入札と低い入札を区別することである。実は、最低落札価格が設定されているオークションの方が入札の数は多い。しかし、その多くは最低落札価格より低い入札なのだ。いわゆる「※まだ最低落札価格に達していません」という表示が出る入札である。そうではなくて、落札額に反映される入札（これを彼らは「本気入札」と呼んでいる）を比べてみると、結果は逆転する。つまり、最低落札価格の設定されているオークションではこのような本気入札は少なくなってしまうのである。パソコンの画面を前にして、２、３回試しに入札してみて、それでもまだ最低落札価格に達しないのでオークションから興味が離れてしまったユーザーの姿が目に浮かぶようだ。私自身にも似たような経験がある。

　落札価格、入札数ときて、最後に肝心の落札額についてはどうだろうか。いろんな条件を調整したうえで結果を見ると、最低落札価格の設定されているオークションでは、そうではないオークションと比べて平均的に0.63ドル低くポケモンカードが落札されたことが分かった。

　つまり、彼らの実験をまとめるとこういうことになる。買手は最低落札価格の設定されたオークションを避け、本気入札もあまりしない。その結果として、商品が落札される確率が下がり、落札額そのものも低く抑えられてしまった。最低落札価格を付けたせいで散々な目に遭ってしまったのだ。もっとも彼らも論文の中で述べているように、これはポケモンカードが比較的安い商品だからなのかもしれない。ポケモンカードに限らず安い商品に対する最低落札価格の効果はだいたい同じだが、高価な商品に対する最低落札価格の効果はまちまちなのだという。

　プラットフォームを提供しているヤフーは落札価格の８パーセントを手数料として得るので、ヤフーと出品者の利害は一致している。つまり、できるだけ高く商品を落札してもらいたいということだ。もし最低落札価格を設定することで落札額がどんどん高くなるのであれば、できるだけ多くのオーク

ションに最低落札価格を付けてほしいとヤフー側も思うだろう。そしてたくさん利用してもらうために、最低落札価格のオプション利用料は無料にするはずである。つまり、最低落札価格に対する高いオプション利用料はむしろ、商品の落札頻度を下げ、落札価格を抑えてしまうこのオプションの利用を望んでいないというヤフーの本心を表しているのかもしれない。それでも最低落札価格という仕組みはサザビーズやクリスティーズといった伝統的なオークションにもあったし、安く売れすぎるのは不安だという売手に、商品を安心して出品してもらうために必要な仕組みだったのだろう。

6.5 イーベイでの実証研究

　イーベイについて、非公開の最低落札価格を設定することで落札額が平均的に高まることを示したライリーたちの研究がある[10]。この研究でデータを集めたのは1999年7月から8月にかけて出品されていたコイン（1セント硬貨）オークションだ。この期間に、イーベイでは2万件以上のコインオークションが行われたのだが、分析の対象にしたのはその中の461件だった。カタログ価格がはっきりしているコインのオークションだけに絞ったのだ。
　実際にコインが落札されたのは285件（62パーセント）のオークションだった。落札されずに終わったオークションの中には入札額が最低落札価格に届かなかったものもある（49件）。最低落札価格が高めに設定されていたからだろう。もっとも、最低落札価格が設定されていなくても、開始価格が高ければ商品は落札されない。実際に、この461件のコインオークションの28パーセント（127件）には1件も入札が入らなかった。
　この研究は単に最低落札価格の効果を見せてくれるだけではなくて、非公開の最低落札価格と公開の開始価格のどちらが効果的なのかを直接比べている。ライリーたちによれば、最低落札価格を設定しない場合と比べると、最低落札価格を設定することで落札額は15パーセントも高まるという。この結

10　Lucking-Reiley et al.（2007）

果は統計的に見て意味のある結果だった。それに対して開始価格を1パーセント高くすると、落札額の上昇率はわずかに0.01パーセントに留まった。しかもこちらの方は統計的に意味のある結果ではなかった。つまり、この研究によれば、非公開の最低落札価格を設定することも、公開されている開始価格を高くしておくことも、どちらも落札額を高めるのに一役買ってくれるのだが、その効果は最低落札価格の方がだいぶ大きいということである。

　実は、ライリーたちはデータを集める前までは最低落札価格を付けると落札額が下がるのではと予想していたという。予想とは違った結果を見て、彼らは、最低落札価格が入札競争を激しくするという解釈にはたと思い至った。つまり、6.3節の「リスク回避的な買手」を想定したオークション理論の説明にあったように、最低落札価格とは「売手による入札」にほかならないということだ。オークションに参加する買手には売手という余分なライバルが増える分、入札競争が激しくなるのである。

　もっともこの解釈とは異なる考え方もできるのではないだろうか。ライリーたちの研究では実際にコインが落札されたオークションに限ってこの結果を得ている。もし非公開の最低落札価格が高めに付けられているのであれば（低い開始価格を「エサ」にして入札をさそっているならば最低落札価格が高いことは十分にあり得るはずだ）、最低落札価格ありのオークションにおける落札価格は必然的に高くなるだろう。最初から開始価格が高ければそもそも入札されない可能性が高いので、落札後に話を限るなら最低落札価格に分があるように思える。それが最低落札価格の見せかけの優位性をもたらしているのかもしれない。

6.6　高くつく隠しごと

　上でみたように、最低落札価格が収入を高めてくれる状況はいくつか考えられる。ところがそうではない状況でも、最低落札価格が設定されることがある。そのような最低落札価格が収入を高めてくれるかというと、やはりそうではなさそうだ。ここではオンラインオークションを離れてフランスで行

われている木材オークションの様子を見てみよう[11]。南フランスのミディ・ピレネー地方に位置するタルン県は森林や草原、そしてブドウ畑の広がる緑豊かな地域だ。セイヨウザクラ、オーク、紫檀、レモンの木などの木材で作られた高級家具もこの地域の特産品の1つである。そんなタルンでは木材が一位価格オークションで売られている。買手は入札額をオークショニアーに提出し、最も高い金額を入れた買手が木材を購入できる。ただし、その入札額が非公開の留保価格よりも高ければの話だ。

　この木材オークションに参加しているのはプロの業者たちで、自分たちがそれぞれ独自にお客さんを抱えている。そのためこのオークションは私的価値の一位価格オークションと見ることができる。木材の売手には非公開の留保価格を付けることが認められているので、売手としてはそれを利用してできるだけ高く木材を売りたいと考えるだろう。では「最適な最低落札額」とは一体いくらなのだろう？

　売手の評価値が買手の評価値とは独立して決まるとすれば、最適な最低落札価格は売手の評価値そのものになる。最高入札額が売手の評価値よりも高ければ、そしてそのような場合にのみ売手は木材を売りたいと思うからだ。ところが2章で見たように、売手に対して最も高い収入をもたらしてくれるオークションとは、売手の評価値よりも高い開始価格を設定したオークションなのである。つまり、オークションが始まる前の時点では自分の評価値よりも高い価格を付けてオークションを始めるのが良いことを分かっているのに、なまじ価格を隠しておけるせいで結果的には期待収入を下げてしまうような最低落札価格を設定してしまうというわけだ。

　では非公開の最低落札価格を設定することで失われた収入はどれくらいだったのだろう？　1990年に行われた非公開留保価格が設定されている木材オークション70件のデータに基づいた実証研究によれば、最低落札価格を付けるのをやめることによって金額で評価した売手の利得は3パーセントほど増えるという（1400万フランから1446万フラン）。ここで「金額で評価した利

11　Elyakime et al.（1994）

得」といっているのは、売手の評価値がゼロではないからだ。最低落札価格を設定していたせいで木材が落札されなかった場合でも、自分の評価値がゼロではないなら、自分で使うなり他所で売るなりして得られる利得があるはずだ。それを含めて計算しているのである。

他方、この研究では同じデータから「純粋な売上げ」についても計算している。つまり落札された場合には落札額から自分の評価値を差し引いた金額であり、落札されない場合の売上げはゼロであるとして計算した金額である。その場合には実は、最低落札価格を非公開にすることで売上げは18パーセントほど高くなる（1052万フランから1278万フラン）。オークショニアーにとって重要なのが売上げであることはいうまでもない。彼らに入る手数料収入はこの売上げを基準にしているからだ。南フランスの木材オークションで最低落札価格方式が採用されていることにはオークショニアー側にとっての合理的な理由があるということだ。

6.7 補論〈共通価値オークションと「勝者の呪い」〉

すべての買手にとって評価値が同じ（共通）であるようなオークションを共通価値オークションという（2.2節）。ただし、共通価値オークションでは、どの買手もこの本当の評価値を知らないとされる（本当の評価値をみんなが知っていれば、単に全員がその金額を入札するだけである）。その代わりに、買手は何かしら「この商品の評価値は1万円らしい」というような不完全な情報を得て、その断片的な情報（オークション理論ではこのような情報はシグナルと呼ばれる）に基づいて入札額を決める。もちろん自分だけでなく、他の買手も同じようにノイズの混ざった情報を手に入れて入札することになる。情報を得るというと商品の価値についてのうわさがどこかからか流れてくるようにも聞こえるが、事前の展覧会などで商品の実物を見て、商品の価値について自分なりに得た手ごたえや感覚がこの情報であると考えても良い。

共通価値オークションで一番重要な点は、すべての買手の評価値はお互いに関連しているということである。つまり、共通価値オークションは関連価

値オークションの特殊ケースなのだといえる。共通価値オークションは採掘権オークションとも呼ばれるのだが、石油採掘権を例にして共通価値オークションのイメージをつかんでみよう。

　ある土地の所有者が石油の採掘権をオークションにかけて売却するとしよう。石油の埋蔵量はすでに決まっているので、そこから得られる収益も確定している。その意味でこの石油採掘権は共通価値である。ところが、実際にそこを掘ってみるまでは埋蔵量がどれくらいなのか、正確なところは誰にも分からないだろう。つまりどの買手も本当の評価値（共通価値）を知らないのである。ただし、独自の調査などによって埋蔵量の推定値は得られるかも知れない。この推定値は少なくとも実際の埋蔵量についての何かしらの情報を含んでいるはずで、これが買手にとってのシグナルである。

　共通価値オークションで適切な入札額を決めるのはとても難しい。理由はもちろん商品の評価値を正確に知らないからだ。評価値についてのノイズを含んだ不完全な情報だけに基づいて本当の評価値を推測して、その上で入札額を決めなければならない。

　一般的には高いシグナルを得た買手ほど高い金額を入札するだろう。その結果、商品を落札するのは最も高いシグナルを得た買手ということになる。そのため、共通価値オークションでは**勝者の呪い**（winner's curse）と呼ばれる現象が起きやすい。これは、最も高いシグナルを得た買手が商品を落札したものの、結果的には落札額が商品の評価値（共通価値）を上回ってしまい、落札を後悔する羽目になるという現象である。要は、評価値を過大評価してしまったというわけだ。

　勝者の呪いから身を守るためにはどうすればよいのか？　入札額を抑え気味にすべし、というのがこの答えだ。一位価格オークションを想像してみればこのことはよく理解できる。オークションが二位価格オークションだったとしてもこれは同じである。二位価格オークションでは実際に、どの買手も「相手が自分と同じシグナルを得ているという仮定に基づいて評価値を推定し、その推定値をそのまま入札する」ことが対称ナッシュ均衡になることが知られている。ただし、この戦略は支配戦略というわけではない。評価値が

共通価値の場合には、二位価格オークションだったとしても支配戦略が存在しないのである。

6.8 補論〈リンケージ原理〉

ミルグロムとウェーバーという2人の経済学者が『エコノメトリカ』誌に発表した論文はオークション理論における最も重要な論文の1つで、4000近い被引用件数がある。この論文では**リンケージ原理**（linkage principle）という重要な結果が示されている[12]。

この論文で示されているのは、売手が買手の評価値に関係する私的情報をたくさん公開するほど、売手の収入は平均的に大きくなるというものだ。ヤフオクに出品することを考えると、商品の内容にかんする詳しい説明はもちろんのこと（「カナダグースの人気のダウンジャケットです！　限定品でワッペンのカラーが黒になっています」）、中古品だったら状態や程度がどのような感じなのか（「おととし購入して10回ほど着用しました。丁寧に着ていたので破れや傷などもありません。クリーニング済み」）、自分の評価値を示しておくのも良いだろう（「主観的な評価では9／10です！」）。また商品の画像は言葉では伝えきれない情報を買手に与えてくれる。リンケージ原理は、これらの情報を公開することは買手にとって有用なだけでなく、売手に恩恵をもたらしてくれることを厳密に示しているのだ。

ただし、リンケージ原理が成り立つためにはいくつかの条件が必要だ。収入同値定理など、これまでに見てきた他の理論と同じで、無条件に成り立つというわけではない。まず、この情報とは「買手の評価値と何かしら関係のある」ものである必要がある。商品の説明欄に出品者個人の好みやプロフィールを書いても仕方がないのだ。もっとも何が買手の評価値に関係する情報で、何がそうではないのかを区別することは現実には難しい。先ほどのダウンジャケットの例でいえば、出品者の身長や体重はダウンジャケットの作り

12　Milgrom and Weber（1982）

や大きさについての情報を提供してくれるが、これは買手の評価値に関係するかもしれない。商品とは一見無関係な情報、たとえば出品者の趣味でさえも、「この売手の趣味は自分に似ているな。だったら自分もこの商品が好きかもしれない」などというように情報的になることがあるかもしれない。

次に、売手は嘘の情報を開示することはできないというものだ。原理的にいえば、この条件が成り立つことはまずないだろう。商品説明に虚偽の記述を含めることは簡単だし、「主観的に言えば」のような表現を入れておけば商品の状態などについて買手のクレームを封じ込めつつある程度好きなことが書けるからだ。商品の画像はそれなりに「真実」かもしれないけれど、これでさえも写真の撮り方で商品の見せ方を工夫できるし、そもそもアプリを使えば画像は簡単に加工することができる。

条件の最後は、上の2番目の条件を前提として、売手が開示している情報が嘘ではないことを買手が信じているというものである。2番目と3番目の条件は、厳密にいえばヤフオクで実際に成り立つことはないかもしれないが、それでも「評価システム」のおかげで実際にはある程度成り立っているとみることもできるだろう。期待したとおりの商品が買手の手元に届いて取引が無事に終わったあとに、売手と買手がお互いに対して「非常に良い」とか「悪い」とかを付け合うシステムのことである。評価は「良い」から「悪い」を引いた差し引きの数値で表されているが、その内訳を確認することもできる。そして数値だけでなく、そこに付いているコメントを読めば、その売手（買手）のいままでの取引の実績をうかがい知ることが可能だ。悪い評価が多いユーザーとの取引を望む人は少ないだろうから、そのようなユーザーは必然的に消えていく。そして残っているユーザーは評価を気にして誠実に取引するはずである。だとすれば、上の条件は「原理的」には成り立たなくても「実際」には成り立つと見なしてよいのではないだろうか。

6章のポイント

- 売手の評価値と買手の評価値に関連がある場合には最低落札価格を設定することで落札額を高められることがある。
- 買手がリスク回避的ならば、一位価格オークションに最低落札価格を設定すれば落札額を高められることがある。
- それ以外のケースでは最低落札価格を設定しても公開の開始価格を設定しても収入に違いはない。
- 共通価値オークションでは勝者の呪いを避けるために入札額を抑えることが最適な戦略となる。

オークション理論からのアドバイス

- **特別な理由がない限り最低落札価格を設定することは避けよう。**
- **「これ以下では売りたくない」と考えている価格があるなら、その価格を少し上回る価格を素直に開始価格に設定しよう。**

column 5

10円玉で測る勝者の呪い

　ケン・スティグリッツ『オークションの人間行動学』では「5セント硬貨のたくさん入った壺をオークションにかける」という実験が紹介されている（邦訳142ページ）。実験の目的は「勝者の呪い」を再現すること。壺の中身よりも高い金額で落札して「勝者」が損をすれば実験は成功だ。

　なかなか面白そうなので、自分でもゲーム理論の授業で試したくなった。壺のかわりにインスタントコーヒーの空き瓶、5セント硬貨のかわりに10円玉を用意して、さあ準備万端である。スティグリッツは呪われた勝者に対して実際にお金を支払わせることがとても大切であると強調していたけれど、そこは日和って試験の点数をやりとりすることにした。学生が10円玉の合計金額よりも安く落札すれば期末試験に点数を足してもらえるが、それよりも高く落札してしまうと減点される。単位に敏感な学生たちならお金じゃなくて点数でも真剣に入札してくれるだろう。10円玉をぎっしりと詰めた（そしてずっしりと重い）コーヒーの瓶を教室内の全員に回したあとで、いざ入札。さて結果はどうだったか。

　瓶には338枚の10円玉が入っていた。つまり中身は3380円。それに対して落札額は8300円。目論見どおりに勝者の呪いが起きたわけだ。ただ、誤算もあった。落札額が思ったよりも高かったことだ。これだとこの学生は期末試験で満点をとったとしても単位を落とすことになってしまう。実際にお金を支払わせることが大切だというスティグリッツの言葉が一瞬頭をよぎったものの、これはさすがにまずい。「これがいわゆる勝者の呪いっ

てやつだ、目の前で見てみると言葉で説明を聞くよりも実感できてよかったんじゃないかな」まあ点数については気にしないでおこうと笑ってごまかし、うやむやにしてしまったのであった。10円玉の呪いが降りかかった先はどうやら学生じゃなくて自分の方だったなあと冷や汗をかきつつ、それ以来、授業で実験はしていない。

7 その他のトピックス

　開始価格をいくらにして出品すれば良いんだろう？　即決価格も設定しておく方が良いのかな？　ヤフオクで出品したことが一度でもあれば誰でも考えたことがある疑問だろう。これらの疑問に対してオークション研究がどういった答えを出してきたのか、本書で見てきたのはそれである。買手にとっての入札戦略にもふれたけれど、ページの多くは出品者である売手の目線に立って書かれている。ヤフオクで商品を出品する時に決めなければならない開始価格や自動延長の有無、あるいはオプションとして決めることのできる即決価格や最低落札価格をどう使えば良いのか、本書の中心テーマはこういったものだ。

　しかし、出品者が知りたいことは、これら以外にももっとたくさんありそうだ。たとえば、「目立たせる系」の有料オプションに落札額を高める効果が実際にどれくらいあるのかはぜひ知りたいところだ。ところが残念なことに、そのような疑問に答えてくれるオークション研究はいまのところ行われていない。理論的にいえば潜在的な買手を増やしてくれるそれらの有料オプションが効果的であることは間違いないだろうが、「どれくらい効果的なのか」こそ、普通は大事なポイントだろう。

　最終章では、前章まででほとんどふれることができなかったテーマについ

て、最後にいくつか簡単に見ておくことにしよう。

出品期間

　オークション理論は買手が多いほど落札価格が高くなると教えてくれる（2.5節）。そうであればオークションの出品期間はできるだけ長くするのがよさそうに思える。出品期間が長いほど買手がたくさん集まる可能性も高いからだ。ヤフオクの出品期間は最短の12時間から最長の7日間までの間でおおよそ自由に決めることができるので、とりあえず7日を選んでおけばよいということだろうか？

　出品期間は長い方がよいのか、この疑問の答えを教えてくれそうな実証研究がある。イーベイのコインオークションを分析したライリーたちの研究がそれだ[1]。ヤフオクと違ってイーベイでは売手が自由に出品期間を決められるわけではない。3日、5日、7日、10日という選択肢の中から出品期間を選ぶのである。ライリーたちが集めてきたデータでは、2番目に長い「7日」を選んだオークションが全体のおよそ60パーセントで最も多かった。次に多かった出品期間は「5日」だったが、3日、5日、10日を選んだオークションはだいたい同じくらいの件数だった。では、出品期間と落札価格の間になにか関係が見つかっただろうか？

　まず、出品期間が3日でも5日でも落札価格にはほとんど違いがないことが分かった。ところが出品期間をもっと長くすると話は変わってくる。出品期間が3日しかないオークションと比べると、出品期間が7日あるオークションでは落札価格が24パーセント高くなり、10日に設定すると実に42パーセントも増えたのだ。ライリーたちはこれらの違いが統計的に見て意味のあるものだと報告している。つまり、オークション理論の予想どおり、出品期間が長いほど落札価格は高くなるのである。

---

[1] Lucking-Reiley et al.（2007）による。ライリーたちは1999年の7月から8月にかけて開かれたコインオークション461件のデータを分析した（実際に集めたデータは2万件以上あったのだが、カタログ価格がはっきりとしているコインのオークションだけに限定された）。

ヤフオク攻略本は必ずしも出品期間を長くするべきではないとアドバイスする。なぜなら「終了まであと何日も時間がある商品より、残り１日、もしくは数時間で終了する商品のほうが俄然、注目され」るからだ[2]。たしかに買手の立場からすれば、残り時間が短いオークションなら商品を手にするまでにかかる時間も短いし、何より緊急性が高いので注目の仕方も変わってくる。そのため残り時間の短い順にオークションを並び替えたあとで個別のオークションをチェックしていくユーザーも多いはずだ（実際に私もそうやってオークションをチェックすることがよくある）。「終了前の５分間が、オークションでもっとも白熱する時間なのだ」[3]。ただ、時間が経つにつれて長い出品期間もいずれは残り時間が短くなる。そうなれば最初から出品期間が短く設定されたオークションと対等である。それを考えると、出品期間を長くしておくことが買手を集めるのに逆効果になってしまう、などということはないだろう。オークションが終わる直前だけチェックする買手がすべてではなくて、序盤からもウォッチしてくれる買手がいないとも限らないのだから。

終了日時

　土日の夜間帯にオークションが終わるように終了の日にちを選ぶとよい[4]。土曜日と日曜日にはアクセス数が多いし、週末の暇つぶしでオークションを使うというユーザーもいるからだ[5]。このようなアドバイスは一見もっともらしいのだが、果たして本当だろうか？　先ほど紹介したライリーたちの研究を再び見てみよう。

　彼らはオークションを「平日（月曜日から金曜日）」「週末（土曜日と日曜日）」に分けて、落札額に違いがあるのかどうかを調べてみた[6]。彼らのデータはたしかに、週末に終わるオークションの方が落札額は高くなることを示

---

[2] 山口・リンクアップ（2013、p. 169）
[3] 袖山（2010、p. 135）
[4] 袖山 満一子『ヤフー・オークション公式ガイド2010』にあるように、ターゲットに合わせて終了日時を決めることが重要だとするアドバイスもある。
[5] 山口・リンクアップ（2013、pp. 164-165）
[6] この研究では終了時刻については検証していない。

した。具体的にいうと、平日終わりのオークションと比べて週末終わりのオークションでは平均的に7パーセント高い金額で落札されたのだ。ところがこの違いは統計的に意味のあるものではなかった。つまり、たまたま高く売れたという可能性があるということだ。出品されている商品がたまたま高額なものだったのかもしれないし、そうではないのかもしれない。理由はよく分からない。ひょっとしたら週末効果は都市伝説に過ぎないのかもしれない。

値下げ交渉

　ヤフオクでは、売手は「値下げ交渉」オプションを組み入れながら商品を出品することができる。交渉をもちかけることができるのはもちろん買手側で、売手がOKすれば開始価格よりも安い値段で商品を手に入れられるのだ。もちろん売手は買手が提案してきた価格を拒否することも可能だ（48時間以内に応じなければ自動的に拒否したことになる）[7]。その場合には、最初の提案を含めて3回まで買手は交渉をもちかけることができる。ただし、2回目、3回目の提案ではそれぞれその前に示した価格よりも高い金額を示さなければならない。「5000円でどう？」という提案が断られたなら、その次の交渉で5000円以下を提示することはできないのだ。理にかなった仕組みといえるだろう。

　交渉はそれ自体、ゲーム理論の世界ではとてもよく調べられている現象だ。ただし、ヤフオクの「値下げ交渉」は売手が提案を拒否したあとに商品をオークションで売ることができるという点で、単純な交渉とは異なる。私の知る限り、このような交渉付きオークションを分析した研究はいままでにない（オークションが終わった後で売手と買手が交渉できるという状況を分析した研究はたくさんある）。

---

[7]　買手の提案を拒否したい売手には3種類の「断る」ボタンが用意されている。「断る：ご希望にお答えできず申し訳ありません」「断る：出品者は提示価格より高い金額を希望しています」「断る：出品者は△△円以上を希望しています（△△に入る金額は売手が決められる）」（ヤフオク！ヘルプ）

注目のオークション

「注目のオークション」というオプションがある。このオプションを利用すると、文字どおり、売手は自分のオークションを注目させることができる。具体的には、各カテゴリのオークション一覧ページの上部にある「注目のオークション」というエリアに自分のオークションを表示させることができるのだ。このオプションは有料なのだが、利用料は決まっていない。正確にいうと、売手は1日あたりの利用料を自分で選び、その利用料を出品期間の残り日数分だけ支払うのである。たとえば、残り5日間のオークションで20円を選ぶと、20円×5日＝100円（＋税）を支払うことになる。興味深いのは、同一のカテゴリで複数の売手が「注目のオークション」を利用すると、より高い金額を支払った売手のオークションが上位に表示されるという点である。いいかえると、注目のオークションを利用している売手は「自分のオークションを上位に表示させる権利のオークション」に参加して入札しているのである。実際に、注目のオークションを利用すると、他の出品者の「入札額」と自分の順位が分かる仕組みになっている。順位を高めるためにはより高いオプション利用料を支払えばよい。まさに売手による入札競争である。

これまで注目のオークション自体がオークション理論の分析対象になったことはない。ただし、注目のオークションとよく似た仕組みについての研究はたくさんある。その仕組みというのは「キーワード広告オークション」と呼ばれるもので、検索連動型広告の掲載順位を決めるために使われている。YahooやGoogleなどの検索エンジンでキーワード検索したときに、検索結果と一緒に広告が表示されるのを見たことがあるだろう。広告主が指定した単語なりフレーズなりがキーワード検索にかけられた時に広告が表示されるように、広告主が検索エンジン会社にお金を支払っているのだ。ただし、その広告掲載料は、たとえば月額いくらという感じではなくて、1クリックあたりいくら（クリック単価）になっている。そしてそのクリック単価も固定額ではなくて、広告主が自分で決めて入札する。つまりオークションなのである。

キーワード検索して表示される広告は1つではない。だったらできるだけ

画面の上の方に自社の広告を表示してほしいと思うのは広告主にとって自然である。では広告の「掲載順位」はどう決まるのだろう？ 掲載順位はクリック単価と広告のクリック率の掛け算で決まる。この数値が大きい順に上から表示されるのだ。注目のオークションでの表示順位には「クリック率」という要素が含まれていないので、この点は違いの1つである[8]。

ヤフオクの特集ページでは「注目のオークション」を利用すると落札額が平均的に2倍に増えると謳われている[9]。キーワード広告オークションの簡易版と考えれば、ぜひこちらでの実証研究を期待したいところだ。

送料無料

多くのオークションでは、落札後の送料を負担するのは買手（落札者）である。実費を支払うケースが多いようだが、「一律1000円」などと定額の送料を設定していることもしばしばある。送料についても商品説明の中に書かれていることが普通だ。それに対して売手（出品者）が落札後の送料を負担するオークションもある。どちらが送料を負担するのかは出品する時に売手が決められる。「出品者負担」が選ばれたオークションを「送料無料オークション」といって、オークションの検索結果や商品ページに送料無料を表すアイコンが付く。

売手が送料無料オークションを行うメリットはどこにあるのだろう？ 送料を無料にしておけば、それにつられてたくさんの買手が集まるし入札額も高くなる。そんな説明が頭に思い浮かぶかもしれないけれど、よく考えてみればこの説明は正しくない。なぜなのかを考えてみよう。

まず、送料無料オークションでは買手1人あたりの入札額が高くなる、この点は正しいはずだ。買手の立場からすれば自分で支払う必要のない送料の

---

[8] 注目のオークションの上位3件については、売手の設定した利用料だけではなく、過去の落札率なども含めて決まる（ヤフオク！ヘルプ「オプション設定」）。ただし表示の順位や方式などの詳細については公開されていない。

[9] 「出品オプションでもっと目立とう！」http://special.auctions.yahoo.co.jp/html/option/featured/

分だけ「評価値」を高く見積もるのは合理的だからである。その一方で売手の立場からすれば、落札額が上がったとはいえその分は送料の支払いで相殺されてしまうので、実際の儲けが増えるわけではない。それどころか、売手は落札額に対して一定の割合でシステム利用料を支払うので、送料の分だけしか落札額が上がらないのであれば、支払い手数料が増えただけ損することになる。また、定形外郵便やレターパックなどのように地域によらず料金が同じという発送方法ではなく、ゆうパックのように発送先の地域によって送料が変わる方法で送る場合には、遠い地域の買手ほど入札のインセンティブが高まることになる（買手には売手の発送元地域が都道府県の単位で分かるようになっている）。結果として売手の負担は大きくなる。

　次に、送料を無料にしておけば買手がたくさん集まるという点について考えてみよう。ライカのインスタントカメラ「ゾフォート」が出品されているオークションが2つあって、一方は送料無料オークション、もう一方は普通のオークションとする（落札した買手が送料の実費を負担する）。買手はどちらのオークションに参加するだろう？　送料無料オークションに決まってるよ、といいたくなるところだが、そうではない。買手は、早く終わる方のオークションから順に、両方のオークションへ参加するのである。ただし、自分が負担する送料に応じて買手は入札額を変えてくる。

　でも、それなら、この2つのオークションが同時に終わる場合には送料無料のおかげでより多くの買手を集められるのでは？　これは鋭い疑問なのだが、少なくとも理論的にはそうはならない。送料無料に惹かれて買手がたくさん集まれば、その分だけ入札競争が激しくなる。それを見越した買手が（合理的に）送料無料を避けるのである。結果として、どちらのオークションでも売手の儲け（送料を支払った残りの収入）は平均的に等しくなる。

　少なくない数の送料無料オークションが行われていることを思えば、おそらくそこには売手にとってのメリットがあるのだろう。ただし、いま見てきたようにその理由を合理的に説明することはそれほど簡単ではないようだ。

　オンラインオークションに特有の仕組みや現象は他にもある。たとえば、

出品者自身による価格操作（さくら入札）はそういった問題の1つだ。売手が複数のIDを持って、「正規」の買手と入札を競って価格を上げていくのである。このような不正な価格操作が現に存在していることはヤフー側も認識しており、「ID登録時のメールアドレスの正当性の認証、郵送による住所確認、クレジットカード、または銀行口座の登録制度による継続的な本人確認により、不正な登録を除外する」といった対応策を講じている[10]。しかし、このような問題は「オークションビジネスにつきもの」というように、事後的な対応策をいくら講じたところでさくら入札が完全になくなることはありえないだろう。このような問題に対して、オークション理論が何か解決策を提案できるのかは分からないが、今後は議論されていくかもしれない。

---

[10] 井奥（2006）

column 6

オークションとフリマ

　日本国内のオンラインオークションでは、ヤフオクは圧倒的なシェアをほこっていてほとんど敵なしの状態だ。パソコンだけでなくスマホやタブレットで利用するユーザーも多い。以前と比べると、スマホで出品するのもかなり簡単になった印象だ。個人的には商品の画像をアップするのが楽になったと思う。さて、そんなヤフオクのライバルはオークションではなく「フリマ」だろう。

　ニールセン株式会社の調査によれば、2016年1月の時点でオンラインオークションやフリマサービスを利用する3人に2人がスマホを使ってアクセスしている（ニールセン株式会社2016年2月24日プレスリリース）。スマホからの利用が最も多かったサービスはヤフオク（1768万人）で、2位はフリマサービスの「メルカリ」（816万人）なのだと知れば、ヤフオクのライバルがフリマだというのも納得してもらえるだろう。しかもメルカリは前年1月にくらべて利用者数が倍増するという驚きの伸び率である。

　メルカリを運営するのは2013年2月に創業した株式会社メルカリである。固定価格販売のサービスで、出品手数料が無料なのはヤフオクと同じだ。ただし10パーセントの販売手数料はヤフオクよりも高い。また、出品した商品が売れた場合のお金はヤフオクと違って「売上金」として計上されて、自分の口座に振り込んでもらうためには振込申請が必要である（計上されている売上金1万円未満の場合には申請手数料が210円かかる）。売手にとっては総じてヤフオクより手数料が高そうだ。そもそも需要がよく分からない状況では、固定価格販売よりもオークションの方が売手にとってのメリットは大きい。それにもかかわらずフリマ人気が急上昇しているのは経済学的には不思議だ。今後の動向が気になるところである。

読書案内

2章　オークション理論

　オークション理論についての研究は、Vickrey（1961）から始まった。『ジャーナル・オブ・ファイナンス』誌に掲載されたこの記念碑的な論文で、ヴィックリーはゲーム理論を用いて一位価格と二位価格の封印入札オークションを定式化した。この論文でヴィックリーが分析したのは、買手の評価値が独立で同一の分布を持つ私的価値という場合である。ヴィックリーの研究以来、オークション研究は経済学における最も重要な研究分野の1つとなり、それこそ数え切れないほど多くの論文が生み出されてきた。ヴィックリーは文字どおり1つの研究分野を切り拓いたのである。

　オークションについての知見が蓄積されてきた現在では、オークションにかんする良質な教科書がたくさんある。たとえば定評のある教科書として、Klempere（2004）、Milgrom（2004）、Krishna（2010）などを挙げることができる。また、Milgrom（2004）は邦訳もある（ミルグロム、2007）。日本語で読めるオークション理論の教科書にはいま挙げたポール・ミルグロム『オークション理論とデザイン』のような訳書だけでなく、初めから日本語で書

かれたものも増えてきた。坂井豊貴『マーケットデザイン入門―オークションとマッチングの経済学』（ミネルヴァ書房）や横尾真『オークション理論の基礎―ゲーム理論と情報科学の先端領域』（東京電機大学出版局）はオークション理論の教科書だが、ゲーム理論や契約理論、メカニズムデザインの教科書もオークションについて多くのページを割いていることが多い（それぞれ岡田章『ゲーム理論・入門　新版』（有斐閣アルマ）、伊藤秀史『契約の経済理論』（有斐閣）、坂井豊貴・藤中裕二・若山琢磨『メカニズムデザイン』（ミネルヴァ書房））。また、教科書ではない読み物にもオークション理論が扱われている本もある。例として坂井豊貴『マーケットデザイン：最先端の実用的な経済学』（ちくま新書）を挙げておこう。

　経済学の中でオークションが注目されてきた理由の1つには、商品を売るための仕組みとしてオークションが非常に「優れている」ことが挙げられる。さまざまな状況においてオークションは固定価格販売よりも高い収入を売手にもたらすし（Wang, 1993）、収入や取引の効率性という点でもオークションは交渉を上回る成績を残すことができる（Bulow and Klemperer, 1996, 2009）。売手にとってはたいへんありがたい仕組みである。

　本文で述べたように、伝統的なオークションと比べると、オンラインオークションには特有の仕組みが数多く存在する。自動延長の有無を売手が決められたり、あるいは開始価格、即決価格、希望落札価格を自由に組み合わせたりできるのはオンラインオークションの特徴である。本書でオンラインオークションをあえて独立させて扱っている理由はそこにある。実際、オンラインオークションに特有の仕組みを分析した研究も膨大な量が存在している。Lucking-Reiley（2000）はオンラインオークションにかんする初期の重要な研究で、オンラインオークションでどのような種類の商品が取引されているのか、取引量はどれくらいか、オンラインオークションの特徴とは何か、など幅広いトピックスを扱っている。この論文の第2章ではオンラインオークションの歴史も紹介されており、本書でも参考にしている。Bajari and Hortaçsu（2003）はイーベイのデータを用いて、留保価格や希望落札価格が売手の収入に与える効果を実証的に調べた研究である。また、オンラインオー

クションの経済学的な意味を解説したBajari and Hortaçsu（2004）という研究もある。Steiglitz（2007）はオンラインオークションの分析に焦点をあてた珍しい書籍で邦訳もされている（スティグリッツ、2008）。数学的に厳密な議論が付録に回されて、本文には数式がほとんど出てこないのもこの本の特徴だ。

　本文では複数財オークションについてほとんどふれてこなかったが、複数財オークションや組合せオークションは今後、研究がますます盛んになっていく分野である。単数財オークションと比べると複数財オークションは非常に複雑なので、理論的に分かっていることもそう多くはない（組合せオークションについてはもっと少ない）。それでも先ほど紹介したいくつかの教科書では、複数財オークションについて何章も割かれている。また、複数財オークションについては実験研究がとても盛んであり、オークション実験の結果を詳細にまとめたKwasnica and Sherstyuk（2013）というサーベイ論文がある。先に挙げた横尾（2006）は、後半を組合せオークションの説明に充てている。組合せオークションに特有の問題点（架空名義入札など）とその対策についても分かりやすい解説がある。坂井（2013）でも組合せオークションが解説されている。本文で組合せオークションの実例としてふれた周波数オークションについては松島（2011、2012）による解説記事や安田（2013）による解説論文が分かりやすい。また、組合せオークションの学際的な研究として、Cramton et al.（2010）という論文集があるが、内容はかなり上級者向けである。

　最適オークションはよく似たタイトルの2つの研究によって最初に分析された。1つは、Riley and Samuelson（1981）で論文のタイトルはそのものずばり「最適オークション（Optimal Auctions）」。もう1つは、Myerson（1981）による「最適オークション設計（Optimal Auction Design）」である。ライリーとサミュエルソンは手始めに買手の評価値が独立で同一の分布を持つ私的価値である状況を分析し、オークションの形式にかかわらず、売手が適切な留保価格を付けることで期待収入を最大にできることを示した。この結果がいわゆる収入同値定理であり、彼らはリスク回避的な買手が参加する

オークションでは収入同値定理が成り立たないことも示した。彼らの研究を拡張したのがマイヤーソンである。オークション理論についての中級以上の教科書なら収入同値定理の詳細な説明が必ずあるが、初級者向けにはスティグリッツ（2008）の付録がおすすめである。

　オークション理論をきちんと理解するためにはゲーム理論（特に非協力ゲームにかんして）の知識が欠かせない。ゲーム理論の教科書はそれこそ膨大にあるが、入門として、渡辺隆裕『図解雑学ゲーム理論』（ナツメ社）、中級としてグレーヴァ香子『非協力ゲーム理論』（知泉書館）、上級として岡田章『ゲーム理論　新版』（有斐閣）をそれぞれ挙げておく。また、ゲーム理論に関連した読み物として、梶井厚志『戦略的思考の技術』（中公新書）と松井彰彦『高校生からのゲーム理論』（ちくまプリマー新書）をおすすめしよう。

3章　いくらで出品するか？──開始価格のオークション理論──

　商品の価値について売手が私的情報を持っている場合に、開始価格が買手にとって信頼できるシグナリングとして機能するかどうかを考察したのは、Cai et al.（2007）である。開始価格のシグナリング機能は彼らの研究によって初めて分析された。開始価格を高く設定すると、商品の価値が高いことをアピールして落札価格を高める一方で、評価値の低い買手をオークションから締め出してしまい落札される確率を下げる。カイらが注目したのはこのトレードオフである。彼らは開始価格がシグナリングとして機能するような分離均衡を特徴づけた。本文でふれたように、この分離均衡では買手が増えるにつれて最適な開始価格が高くなる。

　売手や買手がオークションに参加している買手が何人いるのかを知らない、という状況は実際のオークションでもしばしばある。いくつかの研究は、売手だけが実際の人数を知っているという非対称情報の存在する状況を分析している。それらの研究が特に注目しているのは、売手がそれらの私的情報を買手に対して公開するべきか、それとも秘密にしておくべきかという問題で

ある。McAfee and McMillan（1987）と Matthews（1987）は一位価格オークションにおいて、買手がリスク回避的な場合、人数情報を隠すことで売手の期待収入を高めることができる一方で、人数情報があろうとなかろうと、買手の期待利得には何ら変わりがないことを示した。そして、買手がリスク中立的であれば、人数情報を出そうと隠そうと売手の期待収入も変わらない。不確実性自体を嫌う買手に対して同様の分析を行ったのは、Levin and Ozdenoren（2004）である。また、買手の人数が不確実であるようなオークションにおいて、買手の最適な入札戦略を分析した研究として、Harstad et al.（1990）と Haviv and Milchtaich（2012）がある。そして買手の人数を伝えるために開始価格を利用できることを示したのは、Tsuchihashi（2016）である。土橋は買手が2人または3人のどちらかであるという限定的な状況を想定し、私的価値の一位価格オークションにおいて分離均衡を特徴づけた。

オークションが何回も繰り返される状況（逐次オークション）を最初に考察したのは、Ashenfelter（1989）である。アッシェンフェルターは同一銘柄のワインが順番に競りにかけられていくオークションを観察して、後の方で売られるワインほど安い開始価格が付けられていくことを発見した。これは複数財が複数の単数財オークションで売られるという状況である。

他方で売手が商品を1つだけ持っていてそれを出品し、落札されるまで再出品を繰り返すという逐次オークションは、McAfee and Vincent（1997）によって定式化された。無限回繰り返される二位価格オークションに独立な私的価値を持つ買手が参加する、という状況である（買手の顔ぶれはずっと変わらない）。ヤフオクのようなオンラインオークションでは、マカフィー＝ヴィンセント型の逐次オークションが圧倒的に多いだろう。アッシェンフェルター型の逐次オークションとは異なり、マカフィーとヴィンセントは、唯一の対称ベイジアンナッシュ均衡において売手は留保価格を徐々に下げていくことを示した。初期の理論研究ではむしろ価格が徐々に上がっていくことが示唆されており、逐次オークションで価格が下がっていくという現象はしばらくの間なぞとされていた。マカフィーとヴィンセントはこのなぞに対する理論的な解答を与えたことになる。

マカフィーとヴィンセントは再出品されたオークションでもオークションに参加している買手が変わらないと想定して議論を進めていたのだが、実際には再出品時のオークションには新しい買手が現れることが普通だろう。このような状況をモデル化したのが、Grant et al.（2006）である。グラントらは商品が落札されない限り無限に何回も繰り返される（ボタン式の）競上げ式オークションを考えた。オークションには私的価値である評価値を持つ買手が潜在的には無限にいて、ある確率分布に従ってオークションに現れると想定された。そして、新しいオークションが始まるたびに買手がリセットされると想定された。

この状況において彼らは、売手が毎期同じ開始価格を設定するという定常均衡を特徴づけた。最適な開始価格は「再出品のオプション価値」を反映しており、1回限りのオークションにおける最適な開始価格とは違って、潜在的な買手の人数が多いほど最適な開始価格は高くなることが示された。

4章　さっさと売る——即決価格のオークション理論——

即決価格の理論研究は、Budish and Takeyama（2001）から始まった。以下では即決価格研究を概観した Tsuchihashi（2016）に基づいて即決価格の理論研究の流れを紹介しよう。ブディッシュとタケヤマは買手が2人で評価値も2種類しかない（「高い」「低い」）という単純な状況を取り上げて、高い評価値の買手がただちに即決価格を行使する均衡を考察した。明示的に述べてはいないものの、彼らのモデルで扱われている即決価格はイーベイ型の一時的即決価格である。彼らの研究では、即決価格を設定して売手が期待収入を増やせるのは買手がリスク回避的である場合のみであることが示されている。実際、買手の期待収入を増やすような即決価格はリスク中立的な買手にとっては高すぎるため即決オプションが行使されない。Mathews（2003）と Mathews and Katzman（2006）はブディッシュとタケヤマの研究を拡張してたくさん（n人）の買手が連続した評価値を持つ状況を考察した。彼らの

研究でも、買手がリスク回避的ならば売手は適切な即決価格を付けて収入を増やせることが示されている。

　マシューズとカッツマンが採用した一般的な枠組みにおいてヤフオク型の常設即決価格を分析したのが、Hidvégi et al.（2006）および Reynolds and Wooders（2009）である。さらにレイノルズとウッダーズはリスク回避的な売手と買手が存在する状況において一時的即決価格と常設即決価格の 2 種類を比較して、ある種の条件のもとではヤフオク型の常設型即決価格付きオークションにおける収入がイーベイ型の一時的即決価格付きオークションによる収入を上回ることを示した。同様の枠組みで常設即決価格を理論的に分析し、台湾のヤフーオークションのデータを用いて即決価格の効果を検証した研究として、Chen et al.（2013）がある。

　これらの研究はいずれも対称なベイジアンナッシュ均衡を導出しており、買手は即決価格の行使について閾値戦略を用いることが示されている。つまり、ある値以上の評価値をもつ買手だけが即決することになる。さらに、買手がリスク回避的であれば売手は収入を増やせること、そして買手のリスク回避度が上がるほど売手の収入は増えるということなどが共通して得られた結果である。

　即決価格付きオークションに「時間についての我慢強さ」という要素を導入したのは、Mathews（2003, 2004）である。売手と買手は共にリスク中立的だが、時間についての我慢強さは売手と買手とで違っていてもよい。ただし、買手同士では違いがない。マシューズのモデルでは、売手が最初にイーベイ型の一時的即決価格を設定する。その後で、あらかじめ決まった人数の買手がオークションの開催期間中にランダムに現れて、即決価格でただちに商品を購入するか（もしまだ誰も入札していなければ）、即決価格よりも低い金額を入札するか、あるいはしばらく様子を見た後で入札するかを決めることになる。入札の仕組みは代理入札で、現在価格を確認してから自分の入札額を決められるので、オークション形式はヤフオクに近い競上げ式オークションだと考えることができる。マシューズが一時的即決価格付きオークションを分析したのに対して、Gallien and Gupta（2007）はヤフオク型の常設

即決価格付きのオークションを分析して2種類の即決価格が売手の利得に与える影響の違いを明らかにした。彼らのモデルでは買手の人数があらかじめ決まっておらず、ポワソン分布に従って買手がオークションに現れる点でマシューズのモデルとは異なっている。彼らはさらに、オークション開催期間中に即決価格が変化する「動学的即決価格」の利点についても考察している。ただしこのような動学的即決価格は現実には使われておらず、これ以降に動学的即決価格を考察した研究は見当たらない。

　Shunda（2009）は行動経済学的なモデルを用いて、即決価格と留保価格に基づく参照価格が入札者の効用に直接影響を与える状況を分析した。ここでも売手および買手はリスク中立的である。シュンダのモデルでは、買手がリスク中立的であっても即決価格は売手の収入を増加させる。また、それまでの即決価格にかんする研究とは異なり、即決価格が入札価格そのものにも影響を与えることを示した。これは、高い即決価格が入札競争を激化させたり、即決オプションが行使されない場合ですら即決価格を提示することが落札額を高めたりすることを示した実証研究の結果と整合的である（Dodonova and Khoroshilov, 2004 ; Popkowski Leszczyc et al., 2009）。これらの実証研究は、買手が行動経済学的な効用関数を持っていること、そして即決価格が参照価格になっていることを強く示唆するものである。

　本文で紹介したもの以外にも、即決価格の合理性を理論的に説明した研究はいくつかある。Kirkegaard and Overgaard（2008）は2人の売手が同一商品を時間差で出品する状況を分析した。買手はその商品を2つ欲しいと思っていて、2回の二位価格オークションへ順次参加する。売手も買手もリスク中立的で、なおかつ時間に対しても中立的である（せっかちではないけれど我慢強くもない）。この論文のポイントは、最初に出品する売手には即決価格が示されているのだが、2つ目のオークションには即決価格がないという点である。どちらの売手も即決価格のないオークションで出品する場合と比べると（このような状況は Black and de Meza（1992）によってすでに調べられていた）、最初の売手は即決価格のおかげで収入を増やせるが、2番手の売手はその割を食って収入が下がってしまう。本来なら落札できなかったはず

の「2番手の買手」が高めに設定された即決価格で落札することがあるからだ。興味深いのは、1番手の売手が即決価格を提示することで、2つのオークションの合計収入が下がってしまうことである。現実にこのような現象が起きているのだとすれば、イーベイは即決価格を導入しない方がよいはずだろう。それなのにイーベイに即決オプションがあるのはどうしてなのか？彼らが論文で示した答えは、オークションサイト間の競争圧力によって、本来的には手数料収入を下げる即決価格をイーベイは導入せざるを得なかったのではないか、というものである。

そのほかにも、オークションに参加する、あるいはオークションで入札するために一定のコストがかかる状況で即決価格付きオークションを分析した研究がある（Che, 2011）。Budish and Takeyama（2001）と同じように2人の買手が2種類の評価値しか持ちえないという限定的な状況ながら、開始価格と即決価格の組合せを議論している点もこの研究の特徴である。

これまでに見てきた研究はどれも、買手が独立な私的価値を持つと想定していた。そうではない想定のもとに即決価格を分析した研究は非常に少ない。その例外は共通価値を持つ買手に対する即決価格の効果を理論的に考察したShahriar（2008）と、その理論予測を実験的に検証したShahriar and Wooders（2011）である。シャーリアーのモデルでは、2人のリスク回避的な買手が独立に観察したシグナルの平均値が実際の共通価値とされた。オークションは標準的な2段階ゲームで、まずは即決オプションを行使するかどうかを2人の買手が同時に決めて、その後（オプションが行使されなかったなら）二位価格オークションで入札する。対称なベイジアンナッシュ均衡ではありふれた結果と驚くべき結果が1つずつ得られた。ありふれた方の結果は、評価値が共通価値の場合でも、買手は閾値戦略を用いるというものだ。つまり、ある即決価格に対して、買手が観察したシグナルが一定の値以上の場合に即決価格をただちに入札するということである。驚くべき結果は、買手が即座に買いたくなるような即決価格はなんであれ、売手の収入を下げてしまうというものだ。つまり、評価値が共通価値の場合、即決価格には百害あって一利なしということになる。これは私的価値の結果とはまったく異なるもので

ある。ただし実験では、買手の評価値が共通価値の場合にも、即決価格を提示すると落札額は平均的に上昇するという結果が得られた。

5章　オークションはいつ終わる？──自動延長のオークション理論──

　自動延長についての初期の研究では買手の入札戦略（特に入札のタイミング）が分析された。Ockenfels and Roth（2006）が自動延長ありオークションの理論モデルを提示し、Roth and Ockenfels（2002）がイーベイとアマゾンの入札データを用いて自動延長の有無とスナイピングの関係を示し、Ariely, Ockenfels, and Roth（2005）が同じく自動延長の有無とスナイピングの関係を実験で確認した。買手の入札タイミングについて重要な研究はオッケンフェルズとロスたちでほとんどやりつくしてしまったといったところだ。

　オッケンフェルズたちの研究とは異なり、その後の研究は自動延長の有無が落札額（あるいは売手の収入）にどう影響するのかという点に焦点をあてているものが多い。上で挙げた Ariely et al.（2005）は収入も比べていて、アマゾン型の自動延長ありオークションがイーベイ型の自動延長なしオークションをわずかに上回る収入を売手にもたらすと報告している。Onur and Tomak（2006）、Houser and Wooders（2005）、Glover and Raviv（2012）は米国ヤフーのオークションデータを用いた実証研究でアリエリーらと同様の結果を得た。それに対して、Gupta（2001）はフィールド実験によって、売手の収入は自動延長の有無とは関係ないと報告している。

　Tsuchihashi（2012）はオンラインオークションを逐次オークションとみなして自動延長ありオークションを定式化した。具体的にいうと、ステージゲームが二位価格オークションであるような無限繰り返しゲームである。各ステージにおいて売手は新たに留保価格を決め、それに対して売手は入札するかどうかを同時に決める。どの買手も入札しないとゲームは次のステージへと移行する。買手の評価値は独立な私的価値である。日本のヤフオクでは自動延長なしオークションはほとんど見当たらないが（Tsuchihashi, 2012,

2013)、米国で最大のオンラインオークションであるイーベイは自動延長なしオークションであり、今後もオークションの終了ルールにかんする研究が待たれるところだ。

6章　留保価格を隠す——最低落札価格のオークション理論——

　最低落札価格はオンラインオークションに特有の仕組みというわけではなく、美術品のオークションなどでは頻繁に使われてきた。しかしその割に最低落札価格の研究は多いとはいえない。まず、理論的には、本文でふれたように収入同値定理が成立しない状況を考える必要がある。このような状況として、最低落札価格の理論研究が扱ったケースは大きく2つに分けられる。1つは、買手の評価値が私的価値ではない状況で、もう1つは買手がリスク回避的な場合である。

　買手が私的価値ではない評価値を持つような場合に最低落札価格が売手の収入を増やす可能性を最初に指摘したのは、Vincent（1995）である。ヴィンセントは共通価値オークションを考えた（共通価値オークションは、買手の評価値が関連している環境の1つの特殊ケースである）。ある程度の確率で売手の留保価格が低い場合、売手は留保価格を非公開とする（見た目の開始価格をゼロにしつつ最低落札価格を設定する）ことで買手の入札を促し、売手の落札額を平均的に増やせることをヴィンセントは示した。この研究でヴィンセントは、入札が多くなるにしたがって、それぞれの買手が持っている商品価値についての断片的な情報が引き出されることが落札価格を高めるという、いわゆる「リンケージ原理」（Milgrom and Weber, 1982）が論理の背後にあると論じている。留保価格を非公開にすることと、できるだけ情報を公開せよと主張するリンケージ原理とは矛盾するように見えるが、ヴィンセントによればそうではないということだ。

　ヴィンセントは最低落札価格に売手がコミットできる状況を想定しており、実は彼の導いた結果にはこのコミットメントが重要な役割を果たしている

(コミットメントについては3.6節を参照のこと)。売手が自分の留保価値を知る前に最低落札価格を決定しなければならないというのが、まさにこのコミットメントである。他方で、流田はこのようなコミットメントがない場合でも、最低落札価格が売手の収入を増やせる場合があることを示した(Nagareda, 2003)。

また、売手が再販権利を持っていて二位価格オークションを逐次的に2回開催できる場合、初回のオークションで留保価格を秘匿すれば売手は収入を増やせることを示した研究もある (Horstmann and LaCasse, 1997)[1]。

一位価格オークションに参加した買手がビッドシェイディングすることに注目して、買手がリスク回避的な場合には最低落札価格が売手収入を増やすことを理論的に考察したのは Li and Tan (2000) である。彼らの研究でも、売手が自分の留保価値を知る前の段階(事前)における売手収入に焦点を当てた。買手の評価値は独立な私的価値であり、売手も独立に留保価値を持っている。

それに対して、Brisset and Naegelen (2006) は競上げ式オークションでもリーたちと同じ結果が成り立つ、つまりリスク回避的な買手から留保価格を隠しておくことで事前の売手収入を増やすことができることを示した。ただし注意しなければならないのは、リーたちによる議論のポイントは買手のビッドシェイディングなので、買手の評価値が私的価値である以上、二位価格オークションや競上げ式オークションでは同様の効果が見込めないはずだということである。この点はすでに Ashenfelter (1989) が指摘していたことで

---

[1] Grant et al. (2006) でも私的価値の競上げ式オークションで(無限に)再販が可能な場合を分析しているのだが、ここでの「secret reserve price」は他の文献とはやや違った意味で使われている。隠れた留保価格は文字どおり買手から隠されているので、最高入札額がその留保価格を超えているかどうかが買手には分からない。ということは、最高入札額が非公開留保価格を超えていても、売手はあたかも超えていないかのように買い手に思わせて商品を売らないことができる。再出品が可能な状況ではこのようなこともあり得るだろう。このように「あらかじめ決めておいた留保価格を最高入札額が上回った場合に、売手が商品を売るかどうかについて決定権を持つ」もとで設定する留保価格を彼らは「secret reserve price」と呼んでいる。もちろんこのような価格はヤフオクやイーベイの最低落札価格とは別物である。

ある。そこでブリセットたちは、2段階のステージから構成させるようなやや特殊な競上げ式オークションを想定した。

　最初の段階では普通に競上げ式オークションを行う。第1段階で勝利した買手が次の段階で入札する権利を得る。入札額が非公開留保価格を上回れば、その買手は自分の入札額で商品を落札できる。つまり、競上げ式オークションに一位価格オークションがくっついたような状況である。一位価格オークションでは先ほどの場合に非公開留保価格が売手の収入を増やすのは見たので、今回の特殊な競上げ式オークションでも非公開留保価格が売手の収入を増やすのは別に不思議なことではないだろう。

　公開と非公開の留保価格を比較して売手の収入に対する効果を検証した実証研究やフィールド実験研究がいくつかあるが、それらの研究は必ずしもオンラインオークションにかんするものではない。というのも本文に述べたように、非公開の留保価格という仕組みは伝統的なオークションで標準的に用いられてきた仕組みだからだ。Elyakime et al.（1994）は非公開留保価格が売手にとっては最適ではないことを理論的に示し、南フランスで行われる木材オークションの結果を用いて非公開方式から公開方式へ留保価格を変更することによる売手収入の増額を推計した。最初に買手の私的価値の分布を特定し、次に2段階ノンパラメトリック推計を用いてこの分布の形状を明らかにした。同じように、Kathar and Lucking-Reiley（2000）やEklöf and Lunander（2003）は非公開留保価格が売手の収入を下げるし落札率も下げるという結論を示した。その一方で、Bajari and Hortaçsu（2003）は評価値の高い商品において非公開留保価格が付けられる傾向があって、その場合に収入を増やすと結論している。このように非公開留保価格の効果を調べた実証研究の結果はまちまちである。

参考文献

井奥 雄一「Yahoo!オークションの現状と課題」『赤門マネジメント・レビュー』5巻1号、2006年1月、19〜23頁

伊藤 秀史『契約の経済理論』有斐閣、2003年

岡田 章『ゲーム理論・入門 新版』有斐閣（有斐閣アルマ）、2014年

坂井 豊貴『マーケットデザイン入門―オークションとマッチングの経済学』ミネルヴァ書房、2010年

坂井 豊貴『マーケットデザイン：最先端の実用的な経済学』筑摩書房（ちくま新書）、2013年

坂井 豊貴・藤中 裕二・若山 琢磨『メカニズムデザイン』ミネルヴァ書房、2008年

櫻井 祐子・岩崎 敦・横尾 真「適切な掲載数を決定するキーワード広告オークションプロトコルの提案」『コンピュータソフトウェア』Volume 25、Issue 4、2008年、60〜67頁

Studio ノマド『はじめてのヤフオク！』秀和システム、2013年

袖山 満一子『ヤフー・オークション公式ガイド2010』ソフトバンククリエイティブ株式会社、2010年

松島 斉「電波オークションまったなし：日本を変えるマーケットデザイン」『経済セミナー』日本評論社、2012年1月27日

松島 斉「電波オークション成功の条件」『日本経済新聞』経済教室、2011年12月2日

安田 洋祐「マーケットデザインの理論とビジネスへの実践」『一橋ビジネスレビュー』61巻1号、2013年 SUM.、6〜21頁

山口　裕一郎・リンクアップ『ヤフオク！攻略大事典』技術評論社、2013年

横尾　真『オークション理論の基礎―ゲーム理論と情報科学の先端領域』東京電機大学出版局、2006年

Anderson, Steven T., Daniel Friedman, Garrett H. Milam, and Nirvikar Singh. "Buy It Now: A Hybrid Internet Market Institution." *Journal of Electronic Commerce Research*, Volume 9, Issue 2, 2008, pp. 137-153.

Ariely, Dan, Axel Ockenfels, and Alvin E. Roth. "An Experimental Analysis of Ending Rules in Internet Auctions." *The RAND Journal of Economics*, Volume 36, Issue 4, Winter 2005, pp. 890-907.

Ashenfelter, Orley. "How Auctions Work for Wine and Art." *Journal of Economic Perspectives,* Volume 3, Issue 3, Summer 1989, pp. 23-36.

Bajari, Patrick and Ali Hortaçsu. "The Winner's Curse, Reserve Prices, and Endogenous Entry: Empirical Insights from eBay Auctions." *The RAND Journal of Economics*, Volume 34, Issues 2, Summer 2003, pp. 329-355.

Bajari, Patrick and Ali Hortaçsu. "Economic Insights from Internet Auctions." *Journal of Economic Literature*, Volume 42, Issue 2, June 2004, pp. 457-486.

Black, Jane. and David de Meza. "Systematic Price Differences between Successive Auctions Are No Anomaly." *Journal of Economics and Management Strategy*, Volume 1, Issue 3, September 1992, pp. 607-628.

Brisset, Karine and Florence Naegelen. "Why the Reserve Price Should Not Be Kept Secret." *Topics in Theoretical Economics*, Volume 6, Issue 1, Article 5, 2006.

Budish, Eric B., and Lisa N. Takeyama. "Buy Prices in Online Auctions: Irrationality on the Internet?" *Economics Letters*, Volume 72, Issue 3, September 2001, pp. 325-333.

Bulow, Jeremy and Paul Klemperer. "Auctions vs. Negotiations." *The American Economic Review*, Volume 86, Issue 4, March 1996, pp. 180-194.

Bulow, Jeremy and Paul Klemperer. "Why Do Sellers（Usually）Prefer Auctions?" *The American Economic Review*, Volume 99, Issue 4, September 2009, pp. 1544-1575.

Cai, Hongbin, John Riley, and Lixin Ye. "Reserve Price Signaling." *Journal of Economic Theory*, Volume 135, 2007, pp. 253-268.

Che, XianGang. "Internet Auctions with a Temporary Buyout Option." *Economics*

Letters, Volume 110, Issue 3, March 2011, pp. 268-271.

Chen, Jianqing, Juan Feng, and Andrew B. Whinston. "Keyword Auctions, Unit-Price Contracts, and the Role of Commitment." *Production and Operations Management*, Volume 19, Issue 3, May/June 2010, pp. 305-321.

Chen, JongRong, KongPin Chen, ChienFu Chou, ChingI Huang. "A Dynamic Model of Auctions with Buy-It-Now: Theory and Evidence." *The Journal of Industrial Economics*, Volume 61, Issue 2, June 2013, pp. 393-429.

Cramton, Peter, Yoav Shoham, and Richard Steinberg. *Combinatorial Auctions*. The MIT Press, Cambridge, MA, 2010.

Dodonova, Anna and Yuri Khoroshilov. "Anchoring and Transaction Utility: Evidence from Online Auctions." *Applied Economics Letters*, Volume 11, Issue 5, 2004, pp. 307-310.

Durham, Yvonne, Matthew R. Roelofs, Todd A. Sorensen, and Stephen S. Standifird. "A Laboratory Study of Auctions with a Buy Price." *Economic Inquiry*, Volume 51, Issue 2, April 2013, pp. 1357-1373.

eBay Inc, *Annual report 2013*, 2014. [http://files.shareholder.com/downloads/ebay/ 3872461020x0xS1065088-14-10/1065088/filing.pdf]

Edelman, Benjamin, Michael Ostrovsky, and Michael Schwarz. "Internet Advertising and the Generalized Second-Price Auction: Selling Billions of Dollars Worth of Keywords." *The American Economic Review*, Volume 97, Issue 1, March 2007, pp. 242-259.

Eklöf, Matias and Anders Lunander. "Open Outcry Auctions with Secret Reserve Prices: An Empirical Application to Executive Auctions of Tenant Owner's Apartments in Sweden." *Journal of Econometrics*, Volume 114, Issue 2, June 2003, pp. 243-260.

Ellam, Andrew. "Overture and Google: Internet Pay-Per-Click (PPC) Advertising Auctions." March 2003. (http://faculty.london.edu/mottaviani/PPCA.pdf)

Elyakime, Bernard, Jean Jacques Laffont, Patrice Loisel, and Quang Vuong. "First-Price Sealed-Bid Auctions with Secret Reservation Prices." *Annales d'Économie et de Statistique*, Volume 34, April-June 1994, pp. 115-141.

Fukuda, Emiko, Yoshio Kamijo, Ai Takeuchi, Michiharu Matsui, and Yukihiko Funaki.

"Theoretical and Experimental Investigations of the Performance of Keyword Auction Mechanisms." *The RAND Journal of Economics*, Volume 44, Issue 3, Fall 2013, pp. 438-461.

Gallien, Jérémie, and Shobhit Gupta. "Temporary and Permanent Buyout Prices in Online Auctions." *Management Science*, Volume 53, Issue 5, 2007, pp. 814-833.

Glover, Brent and Yaron Raviv. "Revenue Non-Equivalence between Auctions with Soft and Hard Closing Mechanisms: New Evidence from Yahoo!" *Journal of Economic Behavior & Organization*, Volume 81, Issue 1, January 2012, pp. 129-136.

Grant, Simon, Atsushi Kajii, Flavio Menezes, and Matthew J. Ryan. "Auctions with Options to Re-Auction." *International Journal of Economic Theory*, Volume 2, Issue 1, March 2006, pp. 17-39.

Grebe, Tim and Radosveta Ivanova-Stenzel, and Sabine Kröger. "How eBay Sellers Set 'Buy-It-Now' Prices - Bringing the Field into the Lab." SFB/TR 15 Discussion Paper No. 181, November 2006.

Gupta, Neeraj. "Internet Auctions: A Comparative Study of Seller Options on eBay, Amazon, and Yahoo!" Undergraduate Thesis, Harvard Collage, 2001.

Harstad, Ronald M., John H. Kagel, and Dan Levin. "Equilibrium Bid Functions for Auctions with an Uncertain Number of Bidders." *Economics Letters*, Volume 33, Issue 1, May 1990, pp. 35-40.

Haviv, Moshe, and Igal Milchtaich. "Auctions with a Random Number of Identical Bidders." *Economics Letters*, Volume 114, Issue 2, February 2012, pp. 143-146.

Hidvégi, Zoltan, Wenli Wang, and Andrew B. Whinston. "Buy-Price English Auction." *Journal of Economic Theory*, Volume 129, Issue 1, July 2006, pp. 31-56.

Hof, Robert D. "The People's Company." *Businessweek Online*, December 2 2001.

Horstmann, Ignatius J. and Chantale LaCasse. "Secret Reserve Prices in a Bidding Model with a Resale Option." *The American Economic Review*, Volume 87, Issue 4, September 1997, pp. 663-684.

Houser, Daniel and John Wooders. "Hard and Soft Closes: A Field Experiment on Auction Closing Rules." in Amnon Rapoport and Rami Zwick (ed.) *Experimental Business Research: Economic and Managerial Perspectives Volume II*, Springer, US, 2015, pp. 123-131.

Ignatio Palacios-Huerta. *Beautiful Game Theory: How Soccer Can Help Economics*. Princeton University Press, 2010.

Ivanova-Stenzel, Radosveta and Sabine Kröger. "Price Formation in a Sequential Selling Mechanism." *Journal of Economic Behavior & Organization*, Volume 67, Issues 3-4, September 2008, pp. 832-843.

Jehiel, Philippe and Laurent Lamy. "On Absolute Auctions and Secret Reserve Prices." *The RAND Journal of Economics*, Volume 46, Issue 2, Summer 2015, pp. 241-270.

Kamijo, Yoshio and Tsuyoshi Adachi. "Optimal Slot Restriction and Slot Supply Strategy in a Keyword Auction." March 2011, WIAS Discussion Paper No. 2010-009.

Kathar, Rama and David H. Reiley. "Public versus Secret Reserve Prices in eBay Auctions: Results from a Pokémon Field Experiment." *The B.E. Journal of Economic Analysis & Policy*, Volume 5, Issue 2, January 2007.

Kirkegaard, Rene and Per Baltzer Overgaard. "Buy-Out Prices in Auctions: Seller Competition and Multi-Unit Demands." *The RAND Journal of Economics*, Volume 39, Issue 3, Autumn 2008, pp. 770-789.

Klemperer, Paul. *Auctions: Theory and Practice*. Princeton University Press, 2004.

Kwasnica, Anthony M. and Katerina Sherstyuk. "Multiunit Auctions." *Journal of Economic Survey*, Volume 27, Issue 3, July 2013, pp. 461-490.

Levin, Dan and Emre Ozdenoren. "Auctions with Uncertain Numbers of Bidders." *Journal of Economic Theory*, Volume 118, Issue 2, October 2004, pp. 229-251.

Li, Huagang and Guofu Tan. "Hidden reserve prices with risk averse bidders." University of British Columbia Working Paper, 2000.

Li, Shibo, Kannan Srinivasan, and Baohong Sun. "Internet Auction Features as Quality Signals." *Journal of Marketing*, Volume 73, Issue 1, January 2009, pp. 75-92.

Lucking-Reiley, David. "Auctions on the Internet: What's Being Auctioned, and How?" *The Journal of Industrial Economics*, Volume 48, Issue 3, September 2000, pp. 227-252.

Lucking-Reiley, David, Doug Bryan, Naghi Prasad, and Daniel Reeves. "Pennies from eBay: The Determinants of Prices in Online Auctions." *The Journal of Industrial Economics*, Volume 55, Issue 2, June 2007, pp. 223-233.

Matthews, Steven. "Comparing Auctions for Risk Averse Buyers: A Buyer's Point of View." *Econometrica*, Volume 55, Issue 3, May 1987, pp. 633-646.

Mathews, Timothy. "A Risk Averse Seller in a Continuous Time Auction with a Buyout Option." *Brazilian Electronic Journal of Economics*, Volume 5, Issue 1, January 2003, pp. 25-52.

Mathews, Timothy. "The Impact of Discounting on an Auction with a Buyout Option: A Theoretical Analysis Motivated by eBay's Buy-It-Now Feature." *Journal of Economics*, Volume 81, Issue 1, January 2004, pp. 25-52.

Mathews, Timothy and Brett Katzman. "The Role of Varying Risk Attitudes in an Auction with a Buyout Option." *Economic Theory*, Volume 27, Issue 3, April 2006, pp. 597-613.

McAfee, R. Preston and John McMillan. "Auction with a Stochastic Number of Bidders." *Journal of Economic Theory*, Volume 43, Issue 1, October 1987, pp.1-19.

McAfee, R. Preston and Daniel Vincent. "Sequentially Optimal Auctions." *Games and Economic Behavior*, Volume 18, Issue 2, February 1997, pp. 246-276.

Milgrom, Paul. *Putting Auction Theory to Work*. Cambridge University Press, 2004.（邦訳：ポール・ミルグロム（川又 邦雄・奥野 正寛 監訳、計盛 英一郎・馬場 弓子 訳）『オークション理論とデザイン』東洋経済新報社、2007年）

Milgrom, Paul R. and Robert J. Weber. "A Theory of Auctions and Competitive Bidding." *Econometrica*, Volume 50, Issues 5, September 1982, pp. 1089-1122.

Myerson, Roger B. "Optimal Auction Design." *Mathematics of Operations Research*, Volume 6, Issue 1, February 1981, pp. 23-36.

Nagareda, Tatsuya. "Announced Reserve Prices, Secret Reserve Prices, and Winner's Curse." 2003, mimeo.

Ockenfels, Axel and Alvin E. Roth. "Late and Multiple Bidding in Second Price Internet Auctions: Theory and Evidence Concerning Different Rules for Ending an Auction." *Games and Economic Behavior*, Volume 55, Issue 2, May 2006, pp. 297-320.

Ockenfels, Axel and Alvin E. Roth. "The Timing of Bids in Internet Auctions: Market Design, Bidding Behavior, and Artificial Agents." *AI Magazine*, Volume 23, Issue 3, Fall 2002, pp. 79-87.

Onur, Ilke and Kerem Tomak. "Impact of Ending Rules in Online Auctions: The Case of Yahoo.com." *Decision Support Systems*, Volume 42, Issue 3, December 2006, pp. 1835-1842.

Popkowski Leszczyc, Peter T.L., Chun Qiu, and Yongfu He. "Empirical Testing of the Reference-Price Effect of Buy-Now Prices in Internet Auctions." *Journal of Retailing*, Volume 85, Issue 2, June 2009, pp. 211-221.

Reynolds, Stanley S. and John Wooders. "Auctions with a Buy Price." *Economic Theory*, Volume 38, Issue 1, January 2009, pp 9-39.

Riley, John O., and William F. Samuelson. "Optimal Auctions," *The American Economic Review*, Volume 71, No. 3, June 1981, pp. 381-392.

Roth, Alvin E. and Axel Ockenfels. "Last-Minute Bidding and The Rules for Ending Second-Price Auctions: Evidence from eBay and Amazon Auctions on the Internet." *American Economic Review*, Volume 92, Issue 4, September 2002, pp. 1093-1103.

Shahriar, Quazi. "Common Value Auctions with Buy Prices." San Diego State University Working Paper, 2008.

Shahriar, Quazi and John Wooders. "An Experimental Study of Auctions with a Buy Price under Private and Common Values." *Games and Economic Behavior*, Volume 72, Issue 2, June 2011, pp. 558-573.

Shunda, Nicholas. "Auctions with a Buy Price: The Case of Reference-Dependent Preferences." *Games and Economic Behavior*, Volume 67, Issue 2, November 2009, pp. 645-664.

Steiglitz, Kenneth. *Snipers, Shills, and Sharks: eBay and Human Behavior*. Princeton University Press, Princeton, NJ, 2007.（邦訳：ケン・スティグリッツ（川越 敏司・佐々木 俊一郎・小川 一仁 訳）『オークションの人間行動学』日経BP社、2008年）

Tsuchihashi, Toshihiro. "Sequential Internet Auctions with Different Ending Rules." *Journal of Economic Behavior & Organization*, Volume 81, Issue 2, 2012, pp. 583-598.

Tsuchihashi, Toshihiro. "Two Ending Rules in Online Auctions: Hard Close and Soft Close." in Ming K. Lim (ed.) *Bidding: Types, Strategies and the Impact of Irrationality (Business Issues, Competition and Entrepreneurship)*, Nova Science Pub

Inc., 2013, pp. 167-180.

Tsuchihashi, Toshihiro. "Auctions with a Buyout Price: A Survey." Daito Bunka University Discussion Paper, 2016.

Tsuchihashi, Toshihiro. "Reserve Price Signaling in First-Price Auctions with Uncertain Number of Bidders." Daito Bunka University Discussion Paper, 2016.

Vickrey, William. "Counterspeculation, Auctions, and Competitive Sealed Tenders." *The Journal of Finance,* Volume 71, Issue 3, March 1961, pp. 8-37.

Vijay, Krishna. *Auction Theory 2nd Edition*, Elsevier: Academic Press, 2010.

Vincent, Daniel R. "Bidding off the Wall: Why Reserve Prices May Be Kept Secret?" *Journal of Economic Theory*, Volume 65, Issue 2, April 1995, pp. 575–584.

Wang, Ruqu. "Auctions versus Posted-Price Selling." *The American Economic Review*, Volume 83, Issue 4, September 1993, pp. 838-851.

●著者…………

土橋俊寛（つちはし としひろ）

大東文化大学経済学部 准教授
一橋大学大学院経済学研究科博士課程修了。博士（経済学）。
専門：オンラインオークションに固有の仕組みについて、
　　　ゲーム理論を用いて理論的に分析

［主な論文・著書］
"Sequential Internet Auctions with Different Ending Rules" Journal of Economic Behavior and Organization, 2012.
"Two Ending Rules in Online Auctions: Hard Close and Soft Close" in Ming K. Lim（ed.）Bidding: Types, Strategies and the Impact of Irrationality（Business Issues, Competition and Entrepreneurship）, Nova Science Pub Inc., 2013.
「日本の資源・エネルギー問題」（所収）渡部 茂・中村 宗悦（編著）『テキスト日本経済』学文社、2013年

ヤフオク！の経済学
―― オンラインオークションとは

●…………2018年2月25日　第1版第1刷発行

著者………土橋俊寛
発行者……串崎　浩
発行所……株式会社 日本評論社
　　　　　〒170-8474　東京都豊島区南大塚 3-12-4
　　　　　電話 03-3987-8621（販売）　振替 00100-3-16
　　　　　https://www.nippyo.co.jp/
装幀………神田程史
印刷所……精文堂印刷
製本所……牧製本印刷

ⓒToshihiro TSUCHIHASHI　2018
ISBN 978-4-535-55895-3

JCOPY　〈(社)出版者著作権管理機構　委託出版物〉

本書の無断複写は著作権法上での例外を除き禁じられています。複写される場合は、そのつど事前に、(社) 出版者著作権管理機構（電話03-3513-6969、FAX03-3513-6979、e-mail: info@jcopy.or.jp）の許諾を得てください。また、本書を代行業者等の第三者に依頼してスキャニング等の行為によりデジタル化することは、個人の家庭内の利用であっても、一切認められておりません。